Kostenlose Online-Spiele Entdecken

Hier Erhältlich:

BestActivityBooks.com/FREEGAMES

5 TIPPS FÜR DEN ANFANG!

1) LÖSUNG DER RÄTSEL

Die Puzzles haben ein klassisches Format :

- Die Wörter sind ohne Abstand, Bindetrich usw… versteckt
- Richtung : vor-& rückwärts, auf & ab oder in der Diagonale (beider Richtungen)
- Die Wörter können übereinanderliegen oder sich kreuzen

2) AKTIVES LERNEN

Neben jedem Wort ist ein Abstand vorgesehen zum Aufschreiben der Übersetzung. Um ihre Kenntnisse zu überprüfen und zu erweitern befindet sich am Ende des Buches ein **WÖRTERBUCH**. Suchen sie die Übersetzungen, schreiben sie sie auf, dann können sie sie in den. Puzzles suchen und ihrem Wortschatz hinzufügen.

3) ANZEICHNUNG DER WÖRTER

Haben sie schon einmal versucht eine Anzeichnung zu verwenden? Sie könnten zum Beispiel die Wörter, die schwer zu finden sind, ankreuzen, die Wörter, die sie lieben, mit einem Stern, neue Wörter mit einem Dreieck, seltene Wörter mit einem Diamant usw … anzeichnen

4) IHR LERNEN ORGANISIEREN

Am Ende dieser Ausgabe bieten wir auch ein praktisches **NOTIZBUCH** an. Ob im Urlaub, auf Reisen oder zu Hause, sie können ihr neues Wissen ganz einfach organisieren, ohne ein zweites Notizbuch zu benötigen!

5) SIND SIE AM SCHLUSS ?

Gehen sie zum Bonusbereich : **MONSTER-HERAUSFÖRDERUNG,** um ein kostenloses Spiel zu finden, das am Ende dieser Ausgabe angeboten wird !

Lust auf mehr Spaß und Lernaktivitäten? Schnell und einfach : eine ganze Spielbuchsammlung mit einem einzigen Klick erhaltbar :

Mit diesem Link finden sie ihre nächste Herausforderung :

BestActivityBooks.com/MeineNachsteWortsuche

Achtung, fertig, …. Los !!

Wussten sie, dass es auf der Welt ungefähr 7.000 verschiedene Sprachen gibt ? Wörter sind kostbar.

Wie lieben Sprachen und haben schwer daran gearbeitet, die Bücher von höchster Qualität für sie zu entwerfen. Unsere Zutaten ?

Eine Auswahl von angepassten Lernthemen, drei große Scheiben Spaß, dann fügen wir einen Löffel schwieriger Wörter und eine Prise seltener Wörter hinzu. Wir servieren sie mit Sorgfalt und ein Maximum an Freude, damit sie die besten Wortspiele lösen und Spaß am Lernen haben.

Ihre Meinung ist wichtig. Sie können aktiv zum Erfolg dieses Buches beitragen, indem sie uns eine Bemerkung hinterlassen. Sagen sie uns, was ihnen an dieser Ausgabe am besten gefallen hat !!

Hier ist ein kurzer Link, der sie zu ihrer Bewertungsseite führt

BestBooksActivity.com/Rezension50

Vielen Dank für ihre Hilfe und viel Spaß

Linguas Classics

1 - Gesundheit und Wellness #2

```
Y  P  W  B  F  S  I  L  A  T  I  P  S  O  H  Z
A  O  R  D  G  U  B  Y  M  F  A  E  U  H  I  K
Z  N  V  O  O  S  R  A  E  B  M  W  N  R  L  B
B  D  U  X  Y  P  O  L  N  N  C  C  M  H  N  U
Y  U  M  R  B  E  M  U  O  A  Y  W  O  W  J  A
Q  S  X  I  Q  N  U  C  I  L  T  U  S  J  F  S
Q  D  O  V  W  D  L  I  T  P  A  O  A  H  C  A
S  A  N  U  S  I  U  R  I  R  P  D  M  E  H  N
G  K  O  J  I  S  B  E  R  B  P  D  U  I  F  G
P  E  B  M  D  S  I  P  T  S  E  X  N  R  A  U
S  R  N  T  U  E  T  Y  U  V  T  I  I  O  O  I
A  H  Z  E  L  W  S  T  N  Q  I  P  M  L  J  N
B  P  O  I  T  C  E  F  N  I  T  M  A  A  E  E
F  Q  V  D  M  I  V  P  R  P  U  Y  T  C  N  M
O  H  W  T  H  U  C  X  W  H  S  C  I  J  Y  L
H  Y  G  I  E  N  E  S  C  X  D  P  V  D  U  M
```

URNA
ANATOMIA
APPETITUS
SANGUINEM
DIET
VESTIBULUM
NUTRITIONEM
GENETICS
SANUS
PONDUS

HYGIENE
INFECTIO
CALORIE
HOSPITALIS
MORBI
SUSPENDISSE
PERICULA
SOMNUS
LUDIS
VITAMINUM

2 - Ozean

```
B Q D P Z Z Q T O P C F K Z X S
S A T V X E D E S U P Y L O P A
P L L E R G F M T R Q D Y J K L
O L G E N J R P R S W E D K D L
N I H O N L F E E R M L B F E V
G U J X K A O S A J M P D L M T
I Q S H A R K T S H J H K I E T
A S E C S I P A N T O I J G A H
C C R H T P J S M A C N E C N J
J A N U T Z Y A A C V I L O G A
H D N A E S T U S P Q I L R U Y
S U T C U L F G H N I N Y A I F
C W L K E V B R F D O C F L L E
U O R P R R U T R U T S I P L J
K T L V D V Y D H X C Z S I A C
E T G S E O X S U J M S H A P K
```

ANGUILLA
OSTREA
NAVI
DELPHINI
PISCES
SQUILLA
AESTUS
SHARK
CORAL
CANCER

POLYPUS
JELLYFISH
REEF
SAL
TURTUR
SPONGIA
TEMPESTAS
TUNA
BALENA
FLUCTUS

3 - Krankheit

```
H  E  R  E  D  I  T  A  R  I  A  H  K  W  E  B
B  R  E  S  P  I  R  A  T  O  R  I  I  G  W  S
A  Z  W  L  C  O  N  T  A  G  I  O  S  I  S  Y
C  D  L  M  S  A  L  U  T  E  M  F  L  W  D  N
T  D  L  N  P  E  F  Q  B  D  D  I  X  T  M  D
E  U  C  R  A  H  W  N  G  O  W  F  G  X  S  R
R  U  X  O  M  E  T  A  T  I  N  U  M  M  I  O
I  S  U  P  R  O  C  F  N  R  J  D  N  K  S  M
A  I  B  E  I  I  N  V  E  T  E  R  A  T  A  E
L  N  I  X  F  N  E  U  R  O  P  A  T  H  I  A
R  I  G  O  N  C  F  S  J  W  A  C  U  T  I  S
T  M  S  O  I  I  N  F  L  A  M  M  A  T  I  O
A  O  W  I  S  E  I  G  R  E  L  L  A  J  J  T
M  D  N  K  N  S  T  R  I  T  I  C  U  M  U  S
F  B  Q  T  M  U  A  Y  W  I  L  R  S  V  Q  U
R  A  P  I  F  K  S  M  D  B  X  X  G  M  P  J
```

ABDOMINIS	SALUTEM
ACUTIS	COR
ALLERGIES	IMMUNITATEM
CONTAGIOSIS	OSSA
RESPIRATORII	CORPUS
BACTERIAL	NEUROPATHIA
INVETERATA	INFIRMA
INFLAMMATIO	SINUS
HEREDITARIA	SYNDROME
TRITICUM	JUSTO

4 - Meditation

```
C D M I S E R I C O R D I A M O
F Y I P R O S P E C T U M C A K
E M G S A T I R A L C I T O R V
Y M S D C I T R A I T A R G E M
S O A G I E A P A C E M A I P E
D P T F S E R A A D T A N T O N
X S I Z U K U E C O M L Q A A S
S E C R M W T S C C E S U T O M
S I I Q A G A A E T N E I I U A
P W L V K N N K P R T J L O U A
X G E E D E S Q T I I M L N Q C
T X F I N N E Q I N S E I E T E
W I E N P T R J O A T D T S E M
A I D R O C I R E S I M A M U N
Y Q W F V U A U R J U V S P S S
C V F K D L V B M O K L M V S I
```

ACCEPTIO
SPIRANS
OPERAM
MOTUS
GRATIA
MISERICORDIAM
PACEM
COGITATIONES
MENTIS
FELICITAS

CLARITAS
DOCTRINA
DISCERE
MISERICORDIA
MUSICA
NATURA
PROSPECTUM
TRANQUILLITAS
SILENTIUM
MENS

5 - Archäologie

```
W  M  P  R  O  F  E  S  S  O  R  B  D  Z  U  D
P  L  O  E  F  F  X  D  D  E  Q  S  V  E  N  V
J  M  C  N  S  B  K  O  Q  W  D  Z  R  X  S  U
I  S  Z  O  U  G  M  L  C  X  U  M  N  B  I  Z
N  U  E  S  T  M  A  O  I  O  C  U  Y  S  T  A
Q  C  Q  S  L  T  E  R  A  N  T  I  Q  U  A  N
U  C  F  A  U  I  E  N  R  G  A  R  A  R  T  A
I  E  G  O  C  G  V  M  T  E  R  E  E  E  I  L
S  S  J  J  S  G  B  M  P  U  D  T  S  L  U  Y
I  S  C  E  U  S  G  Q  A  L  M  S  T  I  Q  S
T  I  M  I  T  U  J  J  T  F  U  Y  I  Q  I  I
O  O  Z  Y  I  T  J  L  C  C  T  M  M  U  T  S
R  A  C  D  L  I  D  F  E  Q  O  F  A  I  N  F
E  A  O  H  B  R  N  A  I  V  N  B  T  A  A  D
M  K  D  O  O  E  R  Z  B  U  G  T  I  J  U  O
J  G  L  H  G  P  T  Q  O  P  I  K  O  R  V  L
```

ANALYSIS
ANTIQUITATIS
AESTIMATIO
PERITUS
INQUISITOREM
FOSSILE
MYSTERIUM
MONUMENTUM
OSSA
DOLOR

SUCCESSIO
OBIECTA
PROFESSOR
RELIQUIA
TEMPLUM
IGNOTUM
ANTIQUA
OBLITUS
CULTU

6 - Gesundheit und Wellness #1

```
N  K  W  M  Q  E  P  K  H  Q  A  A  S  S  O  O
N  D  E  E  Y  K  C  A  A  J  T  L  X  A  N  B
D  N  T  D  Z  C  U  H  B  K  Q  T  Q  K  L  H
J  V  B  I  M  X  R  F  I  B  U  I  E  G  E  T
B  D  H  C  P  C  A  S  T  R  I  T  Q  T  P  C
F  A  G  U  G  O  T  S  U  J  H  U  P  Y  Q  O
S  A  C  S  U  R  I  V  S  T  A  D  D  Z  K  N
J  N  M  T  J  Y  O  C  I  I  Y  O  W  Q  V  S
O  I  R  E  E  S  A  C  T  H  V  Z  S  P  O  E
F  C  L  W  S  R  Y  A  U  I  O  R  B  D  O  Q
U  I  K  M  A  V  I  T  C  A  R  J  E  T  Q  U
D  D  K  Z  E  E  Z  A  H  M  M  M  N  N  H  A
R  E  F  L  E  X  U  M  A  I  R  U  I  N  I  T
U  M  H  O  R  M  O  N  E  S  Q  Z  G  F  Q  Q
F  R  A  C  T  U  R  A  Q  Z  F  X  Y  I  N  P
O  P  Y  Z  O  Z  B  H  G  D  F  P  L  U  D  V
```

ACTIVA	ALTITUDO
ATQUI	FAMES
MEDICUS	EGET
BACTERIA	OSSA
CURATIO	MEDICINA
CONSEQUAT	NERVIS
FRACTURA	REFLEXUM
HABITUS	JUSTO
CUTIS	INIURIAM
HORMONES	VIRUS

7 - Obst

```
X I H Z C K A N P S T Q G B R Y
T F R Q T H Y O X I B N B P H H
P X I R J N O E L U R N Z A O V
P Y F C S U S A R E C U A P N O
G Q T I U R F E P A R G M A C V
K I W I E S Y L L V D T M Y U N
P I N E A P P L E O U V A A S E
B L L L D P Q U C C Z M I A I C
E S E P I G E T R A I E T V M T
R D M P S R U R H D Q L E A U A
R G O A U P T O S O N U R P C R
Y I N K B I Q L T I D S P Q U I
B I H F U R P O A W C U Y X C N
G Y J W R O H D N F G U L T Q E
S N Y M R E I A J Q H D M D T N
S W V M D V Q P R B S D K I N W
```

PINEAPPLE   KIWI
APPLE   DOLOR
AVOCADO   CUCUMIS
BERRY   NECTARINE
PIRUM   RHONCUS
ETIAM   PAPAYA
FICUS   PERSICUM
GRAPEFRUIT   PRUNO
RUBUS IDAEUS   UVA
CERASUS   LEMON

8 - Universum

```
U C U A D C A W J N G C A A K H
O U L A T I T U D O A A E P U E
L J V A E R I S A Q L E Q P M M
U J Z O V O B G S L A L U A P I
N J R T S B R N W W X E I R K S
A P D N U Q O I R W I S N E T P
E O D K G V S O H Z A T O T E H
A S T R O N O M I A T I C C L A
R K M U L E A C F N Z S T O E E
B X Y Y O H O R I Z O N I S S R
E X R P R T G C E Y X P U M C I
N P S I T S O L A R I S M I O O
E U L K S Q Q R P I K Z D C P T
T M N L A Z T D D W D J K A I V
A S T E R O I D E M G O H M U G
L O N G I T U D I N I S Z O M E
```

ASTEROIDEM   HORIZON
ASTROLOGUS   COSMICAM
ASTRONOMIA   LONGITUDINIS
AERIS   LUNA
LATITUDO   ORBITA
TENEBRAE   APPARET
GALAXIA   SOLARIS
HEMISPHAERIO   AEQUINOCTIUM
CAELUM   TELESCOPIUM
CAELESTIS   ZODIAC

9 - Camping

```
A R B O R E S F H H T K E W J K
W A T C W W L M P A M H A T K T
W I S L E B U R I M A R E M A C
C L M U Y N N S J M Y E G E M E
I A V L I S A I U O B T B N I S
Z M S L D W J N R C J N M U C N
E I M U B B G G K K A I T F E I
T N E S S Z X I F S N L X D D V
N A T U R A T K Q W C Z C F E L
Z V N T A B E R N A C U L U M F
Q T O W N Z N U M B C F F E V W
X L M D E S Q J J S D O W L M Q
W L E I H N L V Y F H M R T E E
X Y G N C R P X W B W W F N Y N
V E N A T I O N E H V A X N U U
U V Y R K I N B Y J K D P N V M
```

CASUS
ARBORES
MONTEM
IGNIS
HAMMOCK
HAT
INSECT
VENATIONE
CAMERAM
LINTER

MAP
DECIMA
CORNU
LUNA
NATURA
LACUS
FUNEM
ANIMALIA
SILVA
TABERNACULUM

10 - Zeit

```
D  Q  T  G  A  P  U  L  N  H  Q  A  Q  C  H  H
F  E  N  A  M  N  T  U  H  O  H  O  R  A  R  L
T  T  C  V  B  R  N  M  H  R  U  B  C  F  V  E
Z  C  N  E  W  C  B  U  N  O  H  T  D  M  F  K
T  O  U  I  N  I  Y  R  A  L  M  O  H  E  R  I
M  N  N  D  G  N  S  U  A  O  I  Z  D  A  L  F
J  A  N  N  O  W  I  T  N  G  N  O  K  I  Y  W
F  I  C  B  R  D  C  U  A  I  U  Q  Q  T  E  N
V  N  Z  W  T  H  V  F  M  U  T  S  O  P  S  C
Z  D  F  J  J  R  X  A  I  M  I  D  F  U  N  A
C  E  N  T  U  R  Y  C  T  X  S  N  J  U  E  L
R  N  E  T  N  P  T  S  P  K  U  F  L  K  M  E
L  Y  X  P  U  K  M  I  E  W  L  X  W  S  A  N
S  S  V  E  Z  F  W  B  S  P  B  E  L  U  H  D
G  R  N  H  U  N  M  E  R  I  D  I  E  S  R  A
W  Q  P  L  B  P  M  A  N  T  E  L  I  D  I  R
```

HERI	MENSE
HODIE	MANE
ANNO	POST
CENTURY	NOCTE
DECENNIUM	HORA
ANNUA	DIE
NUNC	HOROLOGIUM
CALENDAR	ANTE
MINUTIS	SEPTIMANA
MERIDIES	FUTURUM

11 - Säugetiere

```
O  R  C  I  B  Y  B  O  S  E  O  K  Z  P  H  L
O  U  P  W  H  T  T  Z  S  L  F  N  E  A  Y  S
W  B  W  G  X  B  I  I  I  E  B  W  B  R  V  C
O  I  E  Y  M  C  G  W  V  P  P  V  R  D  D  D
K  E  K  X  H  H  E  P  Z  H  P  L  A  U  V  F
L  Z  Z  O  E  L  R  O  M  A  H  S  U  S  R  U
B  C  P  Q  Q  M  U  N  M  N  F  I  O  V  G  X
H  A  S  D  U  N  S  E  R  T  O  C  A  N  I  S
Z  I  L  Q  U  V  R  W  O  I  N  E  F  M  W  U
O  M  Q  E  S  U  P  U  L  S  E  V  O  U  K  R
I  I  J  S  N  P  A  N  T  H  E  R  A  I  W  U
L  S  W  L  R  A  C  A  S  T  O  R  Y  S  T  A
H  L  Y  X  K  W  O  U  E  J  H  H  E  A  A  T
Z  X  R  N  T  W  G  N  P  R  Z  S  E  Y  A  N
M  A  C  R  O  P  U  S  N  E  A  B  C  W  C  Y
D  L  R  P  A  L  L  N  X  X  E  T  O  Y  O  C
```

SIMIA	LEO
URSUS	PARDUS
CASTOR	EQUUS
ELEPHANTIS	RAT
VULPES	OVES
PANTHERA	TAURUS
ORCI	TIGER
CANIS	BALENA
MACROPUS	LUPUS
COYOTE	ZEBRA

12 - Algebra

```
E  D  L  E  S  S  W  D  S  A  T  A  D  W  S  T
X  F  R  A  C  T  I  O  C  V  A  I  I  N  K  B
P  G  C  C  H  G  N  U  L  L  A  S  F  U  J  V
O  S  Q  X  S  S  Z  I  F  R  P  L  P  M  M  M
N  T  E  M  A  U  Q  I  L  A  Q  O  Q  E  O  A
E  B  R  M  S  C  N  X  V  R  C  I  I  R  S  E
N  O  I  T  C  A  R  T  B  U  S  T  X  U  O  Q
T  L  I  N  E  A  R  I  B  U  S  U  O  S  L  U
E  E  M  I  H  X  F  O  S  A  J  L  I  R  V  A
M  U  S  L  A  F  C  D  B  U  K  O  T  M  E  T
V  A  R  I  A  B  I  L  I  S  M  S  S  A  R  I
J  T  R  N  S  Z  B  B  Y  C  T  M  E  T  E  O
K  E  Z  G  K  M  N  P  B  Z  U  O  A  R  W  O
S  W  L  P  A  L  U  M  R  O  F  D  U  I  Q  E
V  Q  S  A  T  I  T  N  A  U  Q  G  Q  X  G  S
L  N  U  R  N  A  D  I  N  F  I  N  I  T  A  H
```

FRACTIO	MATRIX
DIAGRAM	QUANTITAS
EXPONENT	NULLA
FACTOR	NUMERUS
FALSUM	QUAESTIO
FORMULA	SUBTRACTION
AEQUATIO	SUMMA
LINEARIBUS	INFINITA
SOLVERE	VARIABILIS
SOLUTIO	ALIQUAM

13 - Philanthropie

```
U  J  A  Z  V  O  M  R  C  N  H  S  N  P  L  Y
S  A  T  I  N  U  M  M  O  C  O  S  P  R  I  O
A  Z  F  D  Q  Z  E  C  N  A  N  I  F  O  B  O
T  O  P  U  S  L  U  G  T  O  E  N  J  G  E  T
E  S  N  E  N  Z  B  K  A  Z  S  E  Z  R  R  U
M  I  S  S  I  O  L  Z  C  B  T  V  O  E  A  R
V  P  X  V  X  X  M  A  T  M  A  U  Q  S  L  F
Y  R  Z  Z  R  J  I  D  U  W  T  I  Z  S  I  W
H  I  S  T  O  R  I  A  S  A  I  R  V  I  T  R
D  S  I  D  U  D  P  D  Z  X  S  Y  G  O  A  Z
F  U  T  L  A  E  S  U  T  E  O  C  J  M  T  Z
Q  I  F  N  I  T  A  Z  B  R  H  J  S  R  E  L
Q  P  P  A  P  F  U  R  I  L  P  F  I  J  T  E
P  O  P  U  L  U  S  M  M  A  I  H  M  A  S  C
H  U  M  A  N  I  T  A  T  I  S  C  G  Z  E  I
P  E  C  U  N  I  A  F  J  P  S  R  A  T  Q  X
```

OPUS	CONTACTUS
HONESTATIS	POPULUS
FINANCE	HUMANITATIS
COMMUNITAS	MISSIO
HISTORIA	PECUNIA
LIBERALITATE	PUBLICA
COETUS	PROGRESSIO
IUVENIS	DATUM
FILII	METAS

14 - Diplomatie

```
A D Y L I P I O L T C C P G T J
I J X E G O U I E R O E I Y G X
V S W G J L S T G A M T O V Z H
T P E A N I T H A C M H Z U E U
Q M Q T U T I N T T U I W N R S
A D W I A T A U A N C J S D W
S Q M O U C I L S T I O G X B Q
C B U N C A A I Y U T R M Y Q C
A E I E T R V E H S A U I M L J
B S R M O I M N Q F S M V J P S
T R E T R D G A L I N G U I S I
Q F P N A I R A T I N A M U H S
Q B M Z H M E T A T I R U C E S
E D I V Y N E Z S O L U T I O E
I F U Y Q O Z N D S C W A Y N O
I N T E G R I T A T E F U P N T
```

ALIENA
AUCTOR
LEGATIONEM
LEGATUS
CIVES
ETHICORUM
COMMUNITAS
IUSTITIA
HUMANITARIAN

INTEGRITATE
CERTAMEN
SOLUTIO
POLITICA
IMPERIUM
SECURITATEM
LINGUIS
TRACTATUS

15 - Astronomie

```
O C K A S T R O N A U T S J D T
N B A S D U L I S R E V I N U E
U P S E T U G P X K R C D W G L
T B O E L R U O W F D U U H F E
E H M V R U E A L L E T S R Q S
R I S I M V M A N O B F V Y S C
R L O R I T A V O N R E P U S O
A I C V J W X T R H V T X Q A P
L I A Q M E D I O R E T S A T I
U A I Z W X Q J E R F S F A E U
B X D M K R S L T T I W J T L M
E A O O V Q U E E A C U R E L B
N Z Z P J J G Y M H A V M M E A
X J J O M P L A N E T A U O S C
L L B A L U N A G Q P E B C W V
W C L P G A B M W E R J W K G O
```

ASTEROIDEM	NEBULA
ASTRONAUT	OBSERVATORIUM
ASTROLOGUS	PLANETA
TERRA	ERUCA
CAELUM	SATELLES
COMETA	STELLA
SIDUS	SUPERNOVA
COSMOS	TELESCOPIUM
METEORON	ZODIAC
LUNA	UNIVERSI

16 - Ballett

```
Z O N H M N N R H G N A Y H K J
K O I Q C U S U I F B R A N H Q
F X B G Z H D G J B L T R W E Z
C R G P J R Q N Y U M E L Y T S
S A L T A T O R E S S M G L V C
I M U S I C A B R S I O I A Z H
T M E N O I S N E T N I L Q D O
R O T I S O P M O C U E U O V R
A R T S E H C R O Z N H C F B E
D E X P R E S S I V U M S E I O
M E N U M E R O Y O M C U T R G
D I C U P S A Y E N S N M O W R
A R S O A U D I T O R E S T P A
I R Z K R H D D K T N N W X I P
H S S S D U T S E G S T K U B H
Q K O L X A M L Y V G S V O B Y
```

DECORUM
EXPRESSIVUM
CHOREOGRAPHY
ARTE
GESTU
INTENSIONEM
COMPOSITOR
ARTIS
MUSICA
MUSCULI

ORCHESTRA
USU
RECENSENDUM
AUDITORES
NUMERO
SOLO
STYLE
SALTATORES
ARS

17 - Geologie

```
V M G E B F L P A Y L J X Q M C
S O N W A J M L A S F L Y U A R
C Q L A R O C A V U A Y C C U G
M O U C N B F T Q T O B C X R F
N I N A A E R E N O T S L S I U
H E N T F N X A E M Q S A P S E
Q R C E I A O U X E U T V E I C
U A I L R N R I E F A A C S R
A E L I E A E L S R M L V U B R
R F G S S A L N A R Y A J S O Z
T S S S Y V I I S E C C L M L S
Z E B O E M S G B T T T Q W P Q
G X C F G Y U O M U D I C A O W
I A H P V C F T K W S T C F W D
S T A L A G M I T E S E C P J Z
I Z D C A L C I U M A T K D J C
```

TERRAEMOTUS   MINERALIBUS
EXESA   PLATEAU
FOSSILE   QUARTZ
FUSILE   SAL
GEYSER   ACIDUM
SPECUS   STALAGMITES
CALCIUM   STALACTITE
CONTINENS   STONE
CORAL   VOLCANO
LAVA   MAURIS

18 - Wissenschaft

```
F H T L C A R U T A N Z R L S M
R O E B E T E G E T A O F C C I
P L S J Z O F C D A O A Y S I S
G H U S S M C A T D Q T H I E U
H E M S I L U C I T R A P S N S
A X Z D T L I H L B C H Y U T S
F Z M W A R E M E D T N A B I E
T C Q W T B M V A E W U U I S R
P H Y S I C A O C B K Z T L T G
Z U W C V T A A D G I I O A L E
P K T K A I H Q J U C N S R E A
E F S J R F U R E X S W B E Z R
J A S L G P L A N T I S D N C P
E X P E R I M E N T U M R I H Z
M O L E C U L I S W P H U M I G
V X A A B W Q X O G S J M I S T
```

ATOM
EGET
DATA
PRAEGRESSUS
EXPERIMENTUM
FOSSILE
RUM
CAELI
NULLA
MODUS

MINERALIBUS
MOLECULIS
NATURA
PARTICULIS
PLANTIS
PHYSICA
GRAVITATIS
EO
SCIENTIST

19 - Bildende Kunst

```
S  L  Z  P  C  E  Y  M  Z  T  Y  Q  H  Y  G  J
T  U  T  H  G  A  F  K  U  P  H  R  Q  N  L  N
E  T  U  O  H  R  R  F  O  E  S  G  I  T  O  B
N  U  D  T  D  E  A  B  I  N  V  I  P  C  S  D
C  M  U  O  K  C  B  P  O  G  U  I  N  A  S  T
I  U  I  G  E  I  F  Z  H  N  I  H  N  R  A  K
L  T  S  R  O  T  I  U  M  I  E  E  Y  T  R  E
E  C  K  A  C  R  E  T  A  U  U  S  S  I  I  P
O  E  L  P  Y  V  E  B  E  R  J  M  E  F  U  I
M  P  A  H  P  A  L  M  A  R  I  U  S  E  M  C
L  S  C  O  M  P  O  S  I  T  I  O  M  X  X  T
P  O  A  B  W  I  L  L  T  M  G  S  B  S  U  U
A  R  C  H  I  T  E  C  T  U  R  A  S  H  S  R
C  P  V  M  X  K  W  N  Q  X  O  S  Z  X  F  A
V  T  G  I  J  G  M  P  O  J  S  D  C  I  A  T
X  V  Y  I  Z  G  Z  A  J  C  E  R  E  T  T  I
```

ARCHITECTURA	PALMARIUS
GRAPHIUM	PROSPECTUM
DUIS	EFFIGIES
PHOTOGRAPH	STENCIL
PICTURA	OTIUM
CARBONES	PEN
GLOSSARIUM	LUTUM
CRETA	CERA
ARTIFEX	COMPOSITIO

20 - Sport

```
A  I  T  N  E  I  T  A  P  W  D  E  N  A  I  N
S  T  U  C  X  Z  H  E  O  Z  E  Q  G  Q  M  U
S  K  H  H  O  Z  E  Y  Z  Q  J  C  L  I  U  T
O  V  N  L  D  F  O  R  T  I  T  U  D  O  S  R
V  L  D  W  E  I  V  B  D  F  M  E  I  M  C  I
D  U  V  S  C  T  J  C  Y  T  E  I  D  E  U  T
U  D  C  X  J  U  A  J  E  K  T  V  X  T  L  I
G  I  D  W  F  M  D  N  N  U  B  G  A  I  O
C  S  I  N  I  F  E  A  S  C  L  C  F  T  M  N
O  Y  X  I  A  N  A  K  Q  V  A  O  A  L  U  E
Z  N  C  K  G  G  R  Q  S  Q  S  R  G  U  R  M
U  A  O  L  A  Y  U  X  O  L  X  P  E  C  O  R
A  V  N  S  I  G  C  E  F  Y  Z  U  W  A  H  Y
D  W  H  Q  G  N  I  G  G  O  J  S  X  F  C  X
Q  P  Y  N  Q  C  G  V  O  Y  V  E  L  I  T  R
M  E  T  A  B  O  L  I  C  A  E  R  M  W  E  B
```

ATHLETA
PATIENTIA
DIET
NUTRITIONEM
FACULTATEM
SALUTEM
JOGGING
OSSA
CORPUS
MAXIMIZE

METABOLICAE
MUSCULI
ELIT
CYCLING
LUDIS
FORTITUDO
CHORUM
RAEDA
FINIS

21 - Mythologie

```
B Z E L U S L C M U L E A C Q R
B E Q V B J B U A U R T I N O T
H M L K K I Z L G A B I P W F T
E T M L O D U T I T R O F S F R
R T U I A V H U C L E G E N D I
O K P U I T L R A A I R M M L U
S I Y M O G O A L S P A O O A M
M L T U Y B V R I U X M R N B P
C R E A T U R A S B X J T S Y H
F X H D F J A T Y I O K A T R A
U A C S I M K T K R D P L R I N
L J R F K D D Z Y O H A E U N T
G F A Q Y M H Y C M J G L M T E
U E V I N D I C T A M B O C H S
R L S C U A Z P X R W J F T U O
W D I E R G W N S M Z X O I S O
```

ARCHETYPUM
FULGUR
TONITRUA
ZELUS
HEROS
CAELUM
CLADIS
CREATURA
BELLATOR
CULTURA

LABYRINTHUS
LEGEND
MAGICALIS
MONSTRUM
VINDICTAM
FORTITUDO
MORTALE
TRIUMPHANTES
MORIBUS

22 - Ökologie

```
C O M M U N I T A T E S N C U F
F F L F Y O P O I V U B A N U S
O K P W F Z D V T Y H M T U J W
M F Z N O D C Y N P P S U L Q R
P K O R O P F Y E J J I R L I V
V V C Y I Y M Y R W Z C A A F V
V O L U N T A R I I S C L M O S
R L S H L S V I V X E I I V E A
M N H Q W P P D Z C P T S U V T
M O N T E S L E E Q O A P U I I
N M A R I N E A C M E T U L A S
A B G F L O R A N I I E X E P R
T A T I B A H X U T E C W S K E
U P A L U D E M H D I S S A J V
R Z E Q P Q O N E Z Y S E A J I
A C A E L I P B Q L D C Z Z M D
```

SPECIES
MONTES
SICCITATE
FLORA
VOLUNTARIIS
COMMUNITATES
CAELI
HABITAT
MARINE

NULLAM
NATURA
NATURALIS
PLANTIS
OPES
PALUDEM
SALUTEM
VIRENTIA
DIVERSITAS

23 - Boote

```
M T A G Z V E S A K A Y A K E O
A P R F H K D O E N I T S U S P
R M J M A V S P X C C L H D R S
E L I N T E R E M A Q H V I B J
E N G I N E X U T E R F O H C K
F C N A U T A S N C S L D R Q M
W T Y P G X W M A Y K U T W S S
J I X Q W R H B V U T M E N U F
R V Y W E W E T I Q N E U M T E
O A Y A C H T G S A X N V V C B
X T T G Z W H G E H R E S S U F
T N T I X E Q H F M H K W H L C
P A J P S U C A L E Y Y H S F I
Z C O N A U T I C I S U T S E A
O C E A N U M F X D V E U C K J
P D P O R T T I T O R N L D J E
```

ANCHOR
SUSTINEO
CANTAVIT
GREGEM
PORTTITOR
RATIS
FLUMEN
KAYAK
LINTER
MARE

ENGINE
NAUTICIS
OCEANUM
LACUS
NAUTA
NAVIS
FUNEM
AESTUS
FLUCTUS
YACHT

24 - Stadt

```
T E G E R O T S X G K O C Z F A
A H T V X K N H U N A A I X O A
G S E R O T S K O O B L A P R T
O S G A W T U X L Z D C L D U Q
A R N Y T G B B I X X Z O E M U
Z J Q Y L R D J B X D X H R R I
L X K H G I U Y R P R U C I T Y
S T A D I U M M A B T N S O T E
H O T E L U U U R H R I P A M X
A N C F N D N E Y O E J A F C O
M W Y S Y T I S R E V I N U A L
E E Q U X H R U Z G F R D J Y I
T K P T U M T M E O E L I T B H
J S H I Q I S T G M Y C U B V Q
E C U X S D I J V F L O R I S T
R O R U Q H P P J F D J J R E E
```

ATQUI   HOTEL
RIPAM   EGET
PISTRINUM   MUSEUM
LIBRARY   AMET
FLORIST   SCHOLA
BOOKSTORE   STADIUM
CASU   FORUM
ELIT   THEATRUM
GALLERY   UNIVERSITY
STORE   EXO

25 - Aktivitäten

```
V  P  X  K  N  H  T  C  C  E  S  E  T  R  A  C
B  T  Y  Y  O  I  T  C  A  A  Q  U  U  B  W  N
M  Y  B  S  T  T  G  J  P  O  R  E  T  A  J  Q
B  S  G  M  I  D  N  A  C  S  I  P  X  U  E  W
P  A  K  W  U  L  I  Z  R  Y  P  K  S  O  R  B
F  L  G  A  M  E  T  A  T  P  U  L  O  V  H  A
L  D  V  E  N  A  T  I  O  N  E  L  G  Y  F  I
Z  C  Y  T  N  I  I  G  N  I  N  E  D  R  A  G
V  H  M  R  V  H  N  A  J  E  L  C  F  W  T  A
K  L  K  A  K  G  K  I  F  T  J  T  C  U  K  M
G  U  P  I  C  T  U  R  A  Y  U  I  A  B  E  K
S  D  K  J  M  G  I  S  T  L  P  O  S  B  B  W
W  O  L  O  P  O  W  Z  R  R  J  S  T  X  P  K
C  S  I  D  O  M  M  O  C  J  H  O  R  V  V  R
I  V  E  C  O  N  S  E  Q  U  A  T  A  W  D  P
U  N  D  L  G  C  M  Y  P  M  N  N  L  X  M  M
```

ACTIO	VENATIONE
PISCANDI	ES
CASTRA	ARTES
ARTE	LECTIO
CONSEQUAT	MAGIA
OTIUM	SUTURA
GARDENING	LUDOS
PICTURA	KNITTING
COMMODIS	VOLUPTATEM

26 - Bienen

```
Y U V A Y E H I U R H R I F W I
Z N O F E X C O N O C L A L O S
U K O X Y H F O R S C Z U O K I
I O D Y H F P I S T E G F R W L
S O S H I B W S L Y U C P E B A
J Z P F F L O R E S S S T B C F
I A O U D X K O O A U T O I H U
F L L M R G Y T Y T T Z E T K R
W V L U Q S D A N I C Z M M D U
U E E S E T I N X S U S E I M T
L O N A R E C I G R R J L G V N
P L A N T I S L W E F U T I L E
H A B I T A T L E V W K X B Q C
N O P G F C S O K I D C K H K S
F D T E U D C P M D R E H W A I
C L L R Q G B D X V L O L F R M
```

POLLINATOR
ALVEO
FLORES
FLOREBIT
ALIS
FRUCTUS
HORTUS
MEL
INSECT
REGINA

HABITAT
ECOSYSTEM
PLANTIS
POLLEN
FUMUS
MISCENTUR
SOL
DIVERSITAS
UTILE
CERA

27 - Wissenschaftliche Disziplinen

```
N E D E R L A N D I C A E P M L
P H Y S I O L O G Y Q Y J C I X
D P L P A C X V A I M O T A N A
B B X A U Y G O L O R O E T E M
S I T A T I U Q I T N A U S R A
Y G O L O R U E N C V I Z O A C
G I A C I T A M M A R G A C L I
O M M Q H D I U W N C O S I O N
L T K M P E Z U R K W L T O G A
O N B X U N M D U I S O R L Y T
I B N O S N A I M E H C O O G O
S B R D U G O Q S F H E N G O B
E J L M S E Y L L T K O O I L T
N R H M P F O P O I R C M A O T
I Q R R R Z D E N G R Y I E I M
K M E C H A N I C A Y W A U B M
```

ANATOMIA
ANTIQUITATIS
ASTRONOMIA
BIOCHEMISTRY
BIOLOGY
BOTANICAM
CHEMIA
NEDERLANDICAE
IMMUNOLOGY
KINESIOLOGY

GRAMMATICA
MECHANICA
METEOROLOGY
MINERALOGY
NEUROLOGY
OECOLOGIA
PHYSIOLOGY
DUIS
SOCIOLOGIAE

28 - Vögel

```
W  Z  A  C  O  L  U  M  B  A  M  P  D  V  L  T
I  K  Q  G  O  T  C  Z  T  G  P  S  A  F  D  O
U  F  U  E  K  C  O  R  V  U  S  A  Z  V  B  U
Z  T  I  J  C  A  N  S  E  R  E  M  S  B  O  C
M  U  L  L  U  P  S  P  D  P  D  K  I  S  X  A
M  H  A  W  C  G  M  X  V  E  T  K  Z  E  N  N
Y  P  U  H  E  R  O  N  H  L  H  J  A  K  V  R
D  S  T  C  T  P  Y  Z  Y  I  S  I  N  J  I  X
G  I  C  U  B  D  T  Z  L  C  V  P  A  I  K  H
U  T  O  B  X  B  Q  Z  J  A  P  K  A  T  P  Z
L  T  N  U  H  T  S  J  N  N  D  B  H  P  V  J
L  A  G  O  J  N  X  W  F  L  A  M  I  N  G  O
H  C  I  V  O  I  P  Y  A  C  I  C  O  N  I  A
K  U  E  U  Q  O  L  Y  E  N  G  S  T  Q  W  X
C  S  K  M  Y  H  L  Z  N  S  W  T  W  I  F  G
C  C  P  J  Z  Z  C  J  I  M  Q  T  K  H  F  L
```

AQUILA	GULL
OVUM	PSITTACUS
ANATIS	PELICAN
NOCTUA	PAVO
FLAMINGO	HERON
ANSEREM	SWAN
PULLUM	PASSER
GA	CICONIA
CORVUS	COLUMBAM
CUCKOO	TOUCAN

29 - Biologie

```
Z  W  D  Z  H  O  R  M  O  N  E  S  M  W  P  J
E  S  P  A  N  Y  S  H  P  C  V  Y  U  G  R  K
I  I  U  D  A  P  I  B  U  S  V  M  T  R  A  G
N  S  A  V  B  H  M  C  V  J  Z  B  A  E  E  Y
O  O  I  Y  R  B  O  N  Y  Q  Z  I  T  P  G  L
W  M  K  G  N  E  N  Z  Y  M  E  O  I  T  R  H
J  S  M  A  N  O  N  R  K  S  R  S  O  I  E  T
R  O  W  N  O  R  U  E  N  B  U  I  N  L  S  U
S  I  L  A  R  U  T  A  N  F  E  S  I  E  S  C
I  G  L  T  C  O  L  L  A  G  E  N  S  T  U  B
T  Q  E  O  D  B  J  A  E  M  B  R  Y  O  S  L
N  Q  C  M  Y  I  M  K  M  B  H  E  A  P  Q  R
A  Q  B  I  R  W  Y  X  P  M  S  V  N  R  O  Z
L  J  C  A  P  V  Q  L  G  P  A  Y  P  B  T  J
P  A  T  H  O  G  E  N  U  U  P  M  H  U  Z  I
C  H  R  O  M  O  S  O  M  E  C  M  F  F  X  F
```

ANATOMIA	NERVUS
CHROMOSOME	NEURON
EMBRYO	OSMOSIS
ENZYME	PLANTIS
PATHOGEN	DAPIBUS
PRAEGRESSUS	REPTILE
HORMONE	MAMMAL
COLLAGEN	SYMBIOSIS
MUTATIONIS	SYNAPSE
NATURALIS	CELL

30 - Garten

```
W  S  L  O  O  P  Z  H  T  E  I  T  L  C  Z  K
L  J  R  C  R  W  V  O  Q  W  V  X  Q  A  P  W
Q  Z  U  N  D  C  H  S  L  Q  M  M  L  X  Q  L
A  E  O  A  M  E  H  E  L  W  G  S  E  P  E  M
S  J  T  B  T  Z  S  A  B  R  E  H  C  U  D  R
N  O  R  U  T  R  U  M  R  O  B  R  A  G  I  Z
C  M  L  E  E  G  B  U  S  D  H  O  R  T  U  S
K  D  F  O  G  A  H  T  A  X  L  L  W  D  H  S
Z  M  Q  K  E  R  A  S  R  P  N  M  B  G  M  F
Y  I  N  D  N  A  M  Y  C  X  I  T  W  Q  K  Q
R  F  Z  K  Z  G  M  X  U  P  F  P  U  K  L  W
D  L  K  A  B  E  O  V  L  X  W  B  Z  S  N  N
Q  O  P  H  N  S  C  A  U  H  Z  O  O  Z  F  F
P  S  I  C  K  I  K  Z  M  G  J  R  W  C  Y  M
B  F  Q  A  O  M  A  W  P  R  L  P  I  D  L  F
T  R  A  M  P  O  L  I  N  E  C  P  U  I  W  Q
```

BANCO	ORCHARD
ARBOR	SARCULUM
FLOS	RUTRUM
SOLO	HOSE
BUSH	EGET
GARAGE	XYSTUM
HORTUS	TRAMPOLINE
HERBA	ZIZANIA
HAMMOCK	SEPEM

31 - Antarktis

```
I E T E C E R A V E S I V C Y K
N X T E C I O P P R A E T O S M
Q P O N U X C G J F T T X N F I
U E P V M D K D A S S B T S N
I D O I A G Y A B V E R Y I M E
S I G R O T R O T A P K Z N J R
I T R O S R N O N Z M W T E A A
T I A N I E X L T Y E V B N I L
O O P M T T V P G N T B G S H I
R N H E N V A L U S N I N E P B
E E I N E V Y R E P V K F E A U
M I A T V B W J G Z J M V W R S
G K H V H H T T Y I W G M X G K
Y A Q U A N S G P F M Y E L O R
I N S U L A E Z V D I C Q Y E L
S C I E N T I F I C J K X I G I
```

BAY
ICE
EXPEDITIONE
ROCKY
INQUISITOREM
GEOGRAPHIA
PENINSULA
INSULAE
CONTINENS
MIGRATIO

MINERALIBUS
TORTOR
TOPOGRAPHIA
ENVIRONMENT
AVES
CETE
AQUA
TEMPESTAS
VENTIS
SCIENTIFIC

32 - Fahren

```
G F K L G C K L O X G S A F P S
M S P Z A U H K L K Y Z I L E A
O S X N C N M H F P K L T A R L
T S K G G I A O P Z J J N R I U
O H C O E C I H T D A G E Y C T
R I H E T U A C U O D Q C G U E
P H U O A L L U N G R O I F L M
E R W Y T U G G G Y A C L M U E
M Z Y K I M N A X V C P Y O M R
A R A K R W U H R E S C A C R T
P S S N E D I C C A K P J B L S
W Z C G L A F L A Y G S T R P E
J K K K E A E N E A N E A U A D
V C T L C D U M E T A N F S T E
V E S T I B U L U M N T K H C P
J V W E M J F I X B E I B I T F
```

CAR
DUMETA
ESCA
PEDESTREM
GARAGE
VESTIBULUM
PERICULUM
CELERITATE
MAP
LICENTIA

DOLOR
MOTOR
MOTORCYCLE
AT
SALUTEM
NULLA
CUNICULUM
ACCIDENS
AENEAN
CAUTE

33 - Physik

```
D A F N C M E S C M F G B O X M
E C R U O E X L W W A H T H H E
N C E C M C P Z I D D S O A H C
S E Q L P H E F O N B A S Q D O
I L U E A A R K E M Z T J A Y B
T E E A R N I A L U C I T R A P
A R N R A I M T E L F C D E M E
S A C W T C E O N U T O F J G B
Q T Y W I A N M G B D L O E C E
I I D U O Z T A I I O E R F Q L
A O K T N J U O N T A V M I C L
C A Q L E J M C E S A A U A V F
T R J N N O R T C E L E L V N G
M O L E C U L O I V E W A Q T A
M A G N E T I S M I P P Q R C Y
U N I V E R S A L I S J K V K U
```

ATOM
ACCELERATIO
CHAOS
EGET
DENSITAS
ELECTRON
EXPERIMENTUM
FORMULA
FREQUENCY
VESTIBULUM

VELOCITAS
MAGNETISMI
MASSA
MECHANICA
MOLECULO
ENGINE
NUCLEAR
PARTICULA
COMPARATIONE
UNIVERSALIS

34 - Bücher

```
S  G  D  A  Y  L  U  I  D  O  M  S  U  J  U  H
E  D  G  Q  C  L  T  W  U  C  O  N  T  E  X  T
R  C  I  H  Q  I  O  G  A  D  S  F  B  X  P  D
I  B  Q  E  A  T  R  Q  L  L  E  C  T  O  R  Z
E  P  I  N  W  T  S  O  I  Q  Q  H  S  I  O  Y
S  S  W  U  M  E  D  R  T  X  P  V  R  T  T  Q
H  I  G  U  C  R  A  O  A  S  D  O  P  C  R  S
Y  B  G  F  V  A  O  R  T  Z  I  H  I  E  A  U
M  A  Y  D  F  R  C  S  E  O  H  H  P  L  G  S
N  U  F  A  Q  U  X  V  M  R  E  Q  V  L  I  O
Q  O  L  A  K  M  U  T  P  I  R  C  S  O  C  I
A  N  V  E  B  A  U  C  T  O  R  S  Y  C  I  N
D  Y  T  E  P  U  P  C  A  S  U  S  P  A  G  E
C  A  R  M  E  N  L  M  O  R  I  B  U  S  R  G
I  M  N  R  C  V  A  A  C  A  R  M  I  N  A  N
P  E  R  T  I  N  E  T  F  Z  T  K  C  J  A  I
```

CASUS	COLLECTIO
AUCTOR	CONTEXT
MORIBUS	LECTOR
DUALITATEM	LITTERARUM
INGENIOSUS	CARMINA
CARMEN	PERTINET
FABULA	NOVE
SCRIPTUM	PAGE
HISTORICA	SERIES
HUJUSMODI	TRAGICI

35 - Menschlicher Körper

```
L M R W P C E T K A U R I S F A
L L Z E A O K H L E N N R P A S
A M A L J L L U Y C A L E U C B
K V Z U L L U C H T M L P G I D
R G C T S U B I R A N P N I E N
J P N R Z M S V K R O C A K M B
Z M U T N E M H A S I T U C M X
S Q M V W N U A U O F S C Y A P
X X V F S I R W P M Y J K R X S
N Z L G J U B A X D E D D U I M
M Q J H I G E G V U P R B S L H
Z F X Q R N R R T I O Z U P L Z
Q V N Z O A E L O M Z C S M A E
E H U T C S C A P U T R B L Z X
D I G I T U S U T I B U C Q V B
J L I N G U A K A R C S E U H L
```

CRUS	MAXILLA
SANGUINEM	MENTUM
CUBITUS	GENU
DIGITUS	TARSO
CEREBRUM	CAPUT
FACIEM	ORE
COLLUM	NARIBUS
MANU	AURIS
CUTIS	HUMERUM
COR	LINGUA

36 - Agronomie

```
A N I M U G E L K O S E V M S I
S G A Q U A E F Z E T N E S C F
E C R M F I D C K C U V S M I O
X C X I A J I G R O D I T K E O
E M W A C S N P K L I R I T N N
L M C F P U J O P O U O B B T U
M F Q K M C L I O G M N U N I S
U G T I X I U T M I X M L J A T
V O V G L T F C U A K E U M J E
O I R C I S B U T R R N M O P R
N T E G E U D D N Y A T U R L C
T U V R A R H O E S O L O B A O
Y L L D Z N B R M K Y W D I N R
Z L K L X D I P G O O F L R T A
W O I T A R J C U U K V P G I T
W P T O C M S K A Q F D H B S I
```

SOLO
STERCORAT
VESTIBULUM
EXESA
LEGUMINA
MORBI
AGRICULTURA
RUSTICUS
NULLAM
ORGANIC

OECOLOGIA
PLANTIS
PRODUCTIO
STUDIUM
RATIO
ENVIRONMENT
POLLUTIO
AUGMENTUM
AQUA
SCIENTIA

37 - Landschaften

```
C L H H I C E B E R G C D A X H
O Q I Z T U N D R A C L M S M N
N A L U S N I N E P H C A E B Z
V I L Q F Z T M S K N A S C I S
A W N W T E B E Y K Y V H V U P
L C T E F G Z T E S O E V K J S
L A L U S N I N G H J J D P Q Q
I T V F J U R O A S I S Y M T M
S A P K V L L M U N I S Q E Y B
H R A N A N I A A N S P U E P D
C A F L U M E N P R E I C A L G
P C X C W S G X L S E Z Q R U G
P T D E S E R T O M W D P I N D
I A V E D N V Q N A G X H I J R
X I L W O F N L I K F V O D X Z
H V W K V O L C A N O M G K S I
```

MONTEM   MARE
ICEBERG   OASIS
FLUMEN   LACUS
GEYSER   BEACH
GLACIER   PALUS
SINUM   CONVALLIS
PENINSULA   TUNDRA
CAVE   VOLCANO
HILL   CATARACTA
INSULA   DESERTO

38 - Abenteuer

```
V P R A E P A R A T I O B M S X
P I B Y R Z N N W F I W O Z A C
E T R O F I W Q O A C T I O L I
R Y O T Z R U J K V U B S Q U W
I L S Z U H D I Z M U I D U T S
C N D Y B T C C G V K M C M E C
U X G B G B B E B T A L Y U L M B
L D I F F I C U L T A S R R U S
O S Y J Q O P U A I Z L G A I N
S Y S N A T U R A L J O A N D M
U N A V I G A T I O N E M N U I
M Y E P K R V U F S I C I M A C
I X M U I R A R E N I T I K G D
J O B M U D N A N I R G E R E P
O C C A S I O N E M W H D J C F
P U L C H R I T U D O L I D E J
```

ACTIO
PEREGRINANDUM
STUDIUM
FORTE
GAUDIUM
AMICIS
PERICULOSUM
OCCASIONEM
NATURA
NAVIGATIONEM

NOVUM
ITINERARIUM
PULCHRITUDO
DIFFICULTAS
SALUTEM
VIRTUTE
INSOLITA
MIRUM
PRAEPARATIO

39 - Flugzeuge

```
D E P U G S M U T D F C C I Z N
U G N U M E A W I E E O O N M T
L S O G U G S Z V S R N N F R N
E A O P I E S C A C O S S L I K
X T L E L N A C T E C T E A M X
B S L R I A E D N N I R C M W Z
S E A A S S E Y A S A U T U V X
E P B G N Z G R C U M C E S A C
D M Z I O B N F C S F T T T L A
L E Z V C H L T O T T I U B T S
Q T R A N S E U N T E O E W I U
M T F N Q I X T W I Y N R N T S
W N V R F R B D M S Z E W S U L
P X T C A E L U M K Y A I F D Y
T M K U Q A H I S T O R I A O R
G U B E R N A T O R W L Y W Y Q
```

CASUS
DESCENSUS
AERIS
INFLAMUS
BALLOON
ESCA
CANTAVIT
CONSILIUM
HISTORIA
CAELUM

ALTITUDO
CONSTRUCTIONE
AER
ENGINE
NAVIGARE
TRANSEUNTE
GUBERNATOR
FEROCIAM
CONSECTETUER
TEMPESTAS

40 - Haartypen

```
D Z S B G Z J J J Z J Y Y H F L
Z E X L E F K E F D D Q C Q T E
F X N U R N F B X D I U O P Q N
K K Y I T Y R D F Y I C L R L I
K A P W Q Q I V O J R Y O X C S
C P G P M U T N E G R A R C V C
H C K V W P E T N D Z R A Q X G
M O L L I S A D E P F G T R J Y
U A C R I S P U S N A K U F D X
R L N I C U I F B W U E M S J C
G B H A X S S T Z M D I N I C R
I U L D V S H C R V B U S C A U
N S D Q M A K I K O N K P C L S
B R O W N R J R F H T D F U V A
N W O A B C E S A N U S F M U Y
F L A V I S I N N I C N I C S L
```

FLAVIS
BROWN
CRASSUS
TENUIS
COLORATUM
TORTIS
SANUS
LENIS
CRUS
GRAY

CALVUS
DENIQUE
DIU
CINCINNIS
CRISPUS
NIGRUM
ARGENTUM
SICCUM
MOLLIS
ALBUS

41 - Essen #1

```
B C S S J B B C L E M O N X J C
K J B E V A U A Q I U R A P A E
G B V T M S R P W Y R R R Y I P
E E M U B I C U F F I O P F Y A
O G M N T L Z L R L P B M X B G
X P N A U I W U A A S U G A R
V M H S I U L S G S F C I C U G
S U C U S S T E U O G I L Y U O
T E A P H W V T M R C F L U Y M
O D N J W Y K O M E F D A X W H
T R I O A T C S F G H A U P D Q
S O P O F J E H T S E U X V S P
Q H S U H B T V S V H C L W D C
F A Y H Y K L R Q H E U P P M J
S X M M Y D P M O Q M S F M C X
Y Y E R G C L Y Y A W L Z A T R
```

BASILIUS
PIRUM
FRAGUM
EROS
CIBUM
HORDEUM
CAPULUS
DAUCUS
ALLIUM
LAC

RAPA
SUCUS
SEM
SAL
SPINACH
ELIT
TUNA
LEMON
SUGAR
CEPA

42 - Ethik

```
P  S  U  S  L  A  E  G  A  N  O  B  R  R  P  X
M  H  D  S  U  M  S  I  L  A  E  R  A  E  P  S
I  I  I  I  Q  E  Y  Y  T  C  D  T  T  V  D  E
N  M  S  L  U  U  I  Z  R  G  M  O  I  E  I  Q
T  I  G  E  O  Q  P  E  U  X  T  L  O  R  P  H
E  S  A  X  R  S  H  I  I  N  L  E  N  E  L  U
G  E  I  B  N  I  O  I  S  B  Z  R  A  N  O  M
R  R  T  T  D  U  C  P  M  P  D  A  B  T  M  A
I  I  N  Z  A  Q  H  O  H  T  H  N  I  I  A  N
T  C  E  U  T  T  Y  C  R  I  V  T  L  O  T  I
A  O  I  S  D  E  S  U  I  D  A  I  E  R  I  T
T  R  T  J  B  G  B  E  Q  P  I  A  U  Q  C  A
E  D  A  E  H  Q  N  I  N  U  W  A  X  E  A  T
Y  I  P  K  N  K  Y  G  I  O  C  S  M  Y  E  I
C  A  I  T  N  E  I  P  A  S  H  I  R  D  T  S
X  G  P  M  O  R  D  I  G  N  I  T  A  T  E  M
```

ALTRUISM
DIPLOMATICAE
HONESTATIS
MISERICORDIAM
PATIENTIA
QUISQUE
INTEGRITATE
HUMANITATIS
MISERICORDIA

SPE
PHILOSOPHIA
REALISMUS
REVERENTIOR
TOLERANTIA
RATIONABILE
SAPIENTIA
BONA
DIGNITATEM

43 - Gebäude

```
S A G O I C I P S O H H D L I H
C J X C E F D O T O I O L E W O
H H L S F O L G A V S R T G U S
O O M M T R T F D T E R L A W P
L X H U A U A W I J G E B T J I
A P L A I M F K U T A U E I N T
T H E A T R U M M C R M R O U A
H B T A Y A O V Z Y A J X N L L
P T O Z D F U T V W G M U E L I
U Y H R M O J W A N S E E M A S
E T N C V N M H M V I F I R V E
M U S E U M F U S Y R O T C A F
G W J D S P J Y S R R E S G D M
U N I V E R S I T Y U E S B J Z
M U M V D D G J O N T C B B O M
T A B E R N A C U L U M Z G O K
```

FARM	MUSEUM
LEGATIONEM	OBSERVATORIUM
FACTORY	HORREUM
GARAGE	SCHOLA
DOMUS	STADIUM
HOSPICIO	FORUM
HOTEL	THEATRUM
CAMERAM	TURRIS
HOSPITALIS	UNIVERSITY
NULLA	TABERNACULUM

44 - Angeln

```
L R Y O W A C C O W H V E X X C
F B U I B J G Z L M G Q Q S H K
I L C G K X M F I E W N C A C L
L I G S L U A L L I X A M I A A
U T G P O A U V C U L J W H E I
M E W D D S Q L H B M I M C B T
F Y N M V B A F C C U E B N L N
A B A U M R O P M E T N A A E
J P O N D U S P T O U L A R C I
M P M A W T R N X M N F U B U T
J Z Q E F A T T Y K S O G J S A
N S G C A R X T S W G W E V C P
I T W O M A H U X I V A N F U W
A Y M N R P S P C O N V D T S L
Y E C T B P P D J U S A O H B X
Q J B M L A C O Q U E S C T O R
```

APPARATU   BRANCHIAS
NAVI   COQUES
FILUM   CANISTRUM
FLUMEN   ESCA
PATIENTIA   OCEANUM
PONDUS   LACUS
HAMO   BEACH
TEMPORUM   AUGENDO
MAXILLA   AQUA

45 - Essen #2

```
P E G G P L A N T A W G T F P A
R Y U O A E Y Y D L W O R C U P
I R T P W W C B V G F F I E L I
C S N P E O A V U E U T T R L U
E V P V U J C S G N N A I A U M
M U X D C F T H P T G A C S M A
M S Q U H N U C N E O P U U A S
O B K S A W S K V M R P M S H P
P V Q O I E G L T E U L X S N A
V I U Q T R U G O Y M E N A P R
D R S M Q Q E N J W R L J S A A
J X C C L X C L U Y G Y L O U G
W B B T E Q I X E F Q F F V A U
R I A M N S J Z L C Q P C A Z S
O W B I C A S E U S S V W D R H
V I G I L A N T E M I O O D Q N
```

APPLE	CERASUS
CACTUS	VIGILANTEM
EGGPLANT	FUNGORUM
ALGENTEM	RICE
PANEM	HAM
OVUM	SCELERISQUE
PISCES	APIUM
PULLUM	ASPARAGUS
YOGURT	UVA
CASEUS	TRITICUM

46 - Energie

```
P E N I B R U T Z R Q N M A S Q
E U P P A J S C V A C S E X I S
N Q G H S G G S U E Z U F R J N
V S N N O R T C E L E C X W W V
I E A E A V H Z I C N O A J M Q
R T Q N O T O H P U I C S L H V
O N M T B W B D Y N L R U O O W
N E K R N U B Y D B O M T S I R
M L E O I B C W P C S Z N L T E
E L I P C L M S J O A X E W U C
N E I Y Y I H V R B G C V Z L C
T P G I N D U S T R I A O Q L T
G N P C R E N E W A B L E G O Z
Z U I L B K G P K C G N P Q P F
M O T O R J N J S J U U A W U H
X K C O N S E C T E T U E R C U
```

PUGNA

GASOLINE

ESCA

PELLENTESQUE

ULTRICES

ELECTRON

ENTROPY

RENEWABLE

CALOR

INDUSTRIA

CARBO

MOTOR

NUCLEAR

PHOTON

SOL

TURBINE

ENVIRONMENT

POLLUTIO

CONSECTETUER

VENTUS

47 - Familie

```
D  M  X  G  R  H  V  F  A  H  T  S  M  N  E  W
I  R  N  E  P  O  S  R  M  I  A  X  A  D  G  U
M  A  V  U  S  U  U  A  A  I  T  N  T  T  F  Z
R  A  G  P  U  G  U  T  T  L  A  I  E  V  I  R
S  H  T  G  X  J  R  E  E  I  N  W  R  T  V  Q
U  R  O  E  Q  L  T  R  R  F  G  H  N  E  T  E
F  X  E  N  R  L  A  Y  W  R  O  R  O  S  U  E
M  U  P  X  M  T  P  V  W  O  C  F  Y  X  X  P
P  P  C  O  I  U  E  T  N  E  P  T  I  S  J  T
R  A  E  V  F  X  N  R  J  P  Y  X  Q  O  S  Y
P  T  V  U  P  O  U  G  A  A  P  J  E  F  E  Z
Y  E  N  V  L  R  X  F  B  T  K  U  O  L  H  X
Q  R  Z  A  V  I  A  I  V  E  K  I  E  W  H  J
S  N  A  K  Z  R  I  L  C  R  P  Q  D  R  R  D
L  I  Y  E  X  H  B  I  G  I  A  T  A  Y  U  B
R  O  T  S  E  C  N  A  Z  U  J  F  U  W  Y  W
```

FRATER	NEPOS
UXOR	NEPTIS
VIR	PATRUUS
AVIA	SOROR
AVUS	MATERTERA
PUER	FILIA
FILII	PATER
PUERITIA	PATERNI
MATER	COGNATA
MATERNO	ANCESTOR

48 - Pflanzen

```
N O V T N S O H S U B F B H Q T
R X I D A R F E X F R R A O Z E
S Y R R E B O D H V Q O M R I A
H G E S B W Z E E J E N B T H B
X M N U X O N R R P L D O U J P
S U T C A C T A B I T E O S Y I
O R I S C L I A A E F O L I U M
L O A U T D H L N S I L V A R X
F L R M U E Q G D I S P I F R T
M A O F R E R H C M C E W I F C
T T L B G A T C Q E R A M D D C
K E F L C O R J O E B Q M V Y Z
D P L X Z V L B O R T E I Z N K
F W T F F G J P O X A B G C N J
P Z O N I I T S E R L T Q K W O
H R W K J H M W S W Y T A H B D
```

BAMBOO
ARBOR
BERRY
FOLIUM
FLOS
PETALORUM
BEAN
BOTANICAM
BUSH
STERCORAT

HEDERA
FLORA
HORTUS
HERBA
CACTUS
FRONDE
MUSCUS
VIRENTIA
SILVA
RADIX

49 - Gewürze

```
P U A S M W N G L R F C E A K E
A L L I N A V J N X S E P I A E
M K L D U L C I S V U P G L J U
E D I R D N A I R O C A Q U X D
A S U R U P T X N U O K W C I L
C A M U P L I Q U I R I T I A E
I E M A T A V V X O C A B N H R
D J E A Y S P G I N G I B E R R
U K R V R J A Y M Y K F Y A E P
M Q O B D A N G I V W L U F P C
Q E P L A N E A M O M U M Y I C
C E A E X U T L D V S P X F P X
A U S B N T H F U I D W W R D J
C U R Z M M U F D E N J Z E D E
C K Z R A E M P A X E Y Y P T S
R O Q C Y G W X B H Q X D L M Z
```

ANETHUM	LIQUIRITIAE
AMARA	NUTMEG
PURUS	PAPRIKA
CURRY	PIPER
FAENICULI	CROCUS
SAPOREM	SAL
GINGIBER	ACIDUM
AMOMUM	DULCIS
ALLIUM	VANILLA
CORIANDRI	CEPA

50 - Kreativität

```
I N S P I R A T I O G A M I I W
S P E W A I E V K P R W N Z M W
W H Z Y M M D O P A P Y X C A C
D X Q Y S U S O I N E G N I G D
X I S I N T E N S I O N E M I X
F L U I D I T A T E M S Z X N N
D K T G B U R T E V C C N N A F
T C C O I T A N R N I M A Z T S
E N E I T N M L K A A T T Q I E
P C F S F I O X I S G T A A O N
T Z F S E N O I S I V I N L A S
D W A E L U J S N K S H C O E U
I M P R E S S I O N E M Q U P M
D U S P B O U T F Y H I W P S S
J S Z X S S G R Q Y A A H E U A
C Y S E W C L A R I T A S K H V
```

EXPRESSIO
IMAGO
TRAGICUS
IMPRESSIONEM
INGENIOSUS
ARTE
FLUIDITATEM
AFFECTUS
INSPIRATIO

INTENSIONEM
INTUITUM
CLARITAS
ARTIS
IMAGINATIO
SENSUM
SPONTANEA
VISIONES
VITALE

51 - Geschäft

```
L  S  G  E  G  D  A  T  U  B  I  R  T  U  F  D
T  U  G  J  B  I  N  A  U  R  A  M  S  V  A  I
Q  S  C  X  Z  C  M  B  Y  R  D  J  O  P  C  S
G  I  O  R  S  O  E  E  B  G  H  Y  T  M  T  C
S  A  L  E  U  :  P  R  B  P  I  F  W  D  O  O
N  I  U  P  M  M  E  N  M  W  B  L  O  S  R  U
D  N  C  T  E  O  U  A  Æ  T  E  N  O  M  Y  N
I  U  I  R  R  Y  O  M  S  P  A  R  C  U  S  T
G  C  R  E  C  K  F  M  X  U  B  U  D  G  E  T
N  E  R  D  E  V  F  W  O  B  M  O  C  J  Z  M
I  P  U  I  S  P  I  Z  F  L  D  P  I  Z  Q  Y
S  S  C  T  N  F  C  N  W  N  E  W  T  U  S  R
S  H  Y  U  I  O  I  R  Q  R  E  S  V  U  D  A
I  E  B  S  T  D  U  A  A  E  D  M  T  O  S  O
M  P  S  Z  T  C  M  R  J  L  A  R  W  I  F  N
P  R  O  C  U  R  A  T  O  R  C  R  E  Q  E  I
```

DICO:	SUMPTUS
BUDGET	PROCURATOR
OFFICIUM	MOLESTIE
REDITUS	DISCOUNT
FACTORY	TRIBUTA
PECUNIA	ADHIBE
TABERNAM	SALE
LUCRUM	MERCES
DIGNISSIM	MONETÆ
CURRICULO	PARCUS

52 - Ingenieurwesen

```
C A L C U L U S V A L F H L G V
Z O L O W W M H E L S S S W Y E
G E F B A N E K C I T O V M S S
X N Z J J R T H T Q R T Q E A T
Z D I A G R A M I U U C S N M I
H V P B J U T A U A C R V O H B
L I Q U I D I N M M T A X I S U
M F N X S R L G M Y U O M T U L
R O G N S B I U M Y R O U C T U
T T T S A B B L T M A I D U A M
R J K O R K A U N D Q T N R R H
X Y Z I R W T S O C V Z U T A C
O P X M F H S Z P U H V F S P V
F O R T I T U D O Q I H O N P G
P R O P E L L E N T E M R O A S
P E L L E N T E S Q U E P C P G
```

AXIS
PROPELLENTEM
CALCULUS
DIAGRAM
PELLENTESQUE
DIAM
VESTIBULUM
LIQUID
ANNI
VECTIUM

CONSTRUCTIONE
APPARATUS
ALIQUAM
MOTOR
STABILITATEM
FORTITUDO
STRUCTURA
PROFUNDUM
ANGULUS

53 - Kaffee

```
Z K U F I S O S D K Y C P S N J
J N P R D A Z E G A V A S E V W
V Y O M R P Z A I N P I N O A C
R V V V D O Q G V P R U D J R Z
V A J U I R A G U S E I Z C I Y
G Z A U Y E R E T O T N W R E N
F B A N L M U S S A I L A E T F
M W M E C I L A C C U A W M A E
A U U Q D I U Q I L M C L O T I
N G U L E A K S R Z N L H R E L
S P A R G U N T U R K X U K L X
Y P A T Q U A G C I I K U S E F
G L V R K T X T B N H T U B E D
P J S W A M K E J A R Q Z U T E
N I G R U M O R I G O Y T I U A
P X Z A Q U A S A X B Q L N D F
```

AMARA   MANE
CREMOR   PRETIUM
SPARGUNTUR   NIGRUM
LIQUID   CALICEM
ASSUM   ORIGO
SAPOREM   VARIETATE
JULIUS   AQUA
TERE   SUGAR
LAC

54 - Gemüse

```
U Z R E B I G N I G T S V C L B
T O I L G Y S E M F M G Q U K V
A I Z L Q G D W U O S H T G H K
P K O G I N P W I D A U C U S B
C Y G O R G C L P A A B J L J E
Z F U T I I H C A N I P S P K C
P F R E Q H I M R N B R T T V A
D A P E C E M T M S T N M S Q L
A L G E N T E M U R O G N U F L
P U O X A C I S S A R B O T C I
A C K M I V A R I F S N F C U U
R I C M Z R I E P D Y M K A C M
D D G R Y I W L X B A E S C U Q
F A V U O T T T O L L A H S M Z
E R P E T R O S E L I N U M I Z
Y A C U C U R B I T A V R K S S
```

CACTUS
EGGPLANT
BRASSICA
ALGENTEM
PISUM
CUCUMIS
GINGIBER
DAUCUS
ALLIUM
CUCURBITA

OLIVAE
PETROSELINUM
FUNGORUM
RADICULA
RAPA
SEM
SHALLOT
APIUM
SPINACH
CEPA

55 - Schönheit

```
L B A O I B I T S V U H C W W E
Z I R Y D P K U N V M L W T D L
X B V X T O G I A V D R I I P E
J C A J T G R G G M W Y W C G G
A Q Z Q U L J X E K X B Z U R A
C M E R O P E L L Z Q M H T F N
O R E H J T B N E Z X H V I U T
N O M T U S O A I C I X A S O I
V F J B O T M K H S S Q H O F A
A P M X J Y G R A T I A X O F A
L O B I X L I O K C I T S P I L
L U A F F I B L O R X M K M C R
I L G I N S R O P A X M C A I B
S N G N S T W C V V E N S H A Q
S P E C U L U M C M F Y E S G H
O C I N C I N N I S N E F R C S
```

GRATIA	CUTIS
LEPOREM	STIBIO
OFFICIA	LIPSTICK
ODOR	CINCINNIS
ELEGANS	AXICIA
ELEGANTIA	SHAMPOO
COLOR	SPECULUM
AMET	STYLIST
LENIS	CONVALLIS

56 - Tanzen

```
G Z N A M U I C O S V G T M A Q
X U Y V Z O O Y E T F C W E S V
M U S I C A T E L A U S I V S O
J Z Q J S I C U S T R M Y T C M
X U W Z C T N P S U I U V Y X I
K D B K V A X N E R C T T F P Q
I K I P B R R A D A Y I F L S L
I E T W R G X O S M D D R C U A
R E C E N S E N D U M A E J T C
A C A D E M I A E C E R H S C I
H D I Q B L Z Z S J H T R N E S
Z N E X P R E S S I V U M U F S
C H O R E O G R A P H Y N M F A
C U L T U R A Y S S F A T E A L
H N D B P G O J R R S U P R O C
V R G F T E Q Y J O D O M O J C
```

ACADEMIAE
GRATIA
EXPRESSIVUM
MOTUS
CHOREOGRAPHY
AFFECTUS
LAETA
STATURAM
CLASSICAL
CORPUS

CULTURA
CULTURAE
ES
MUSICA
SOCIUM
RECENSENDUM
NUMERO
TRADITUM
VISUAL

57 - Ernährung

```
S R V C D A X P K K X F E C T M
A O I O I I M S L F Z E D A O F
P X T N E P K A X E N R U R X N
O N A C T W Z T R H G M L B I H
R J M O W V L I J A C E I O N A
E S I C M P I L B Z O N S H C D
M A N T F A B A T J N T K Y O I
D L U I R R U I T D U Y D K P
R U M O A S A Q J D I M Q R J I
U T O N C B T L F T M C O A Y S
H E U E L S U B I C E W C T A C
X M W M N X M O O J N S O E R I
A P P E T I T U S J T T E S F N
P O N D U S M N Z N U Z Z R Y G
S A N U S D W E D L M X D Z V K
F V F Z D R R Y I W V L E Y U O
```

APPETITUS
LIBRATUM
AMARA
DIET
EDULIS
FERMENTUM
SAPOREM
SANUS
SALUTEM
PONDUS

ADIPISCING
CARBOHYDRATES
CIBUS
PARS
SERVO
QUALITAS
CONDIMENTUM
TOXIN
CONCOCTIONEM
VITAMINUM

58 - Länder #1

```
F  I  N  L  A  N  D  B  B  K  N  L  T  G  G  C
J  N  O  R  W  A  Y  C  W  R  C  N  W  J  E  A
Y  Y  V  R  V  H  D  D  C  I  A  V  C  Q  R  K
L  A  T  V  I  A  I  L  A  T  I  Z  W  U  M  C
F  I  E  V  N  A  I  Q  I  O  D  M  I  E  A  A
Y  N  A  Z  P  I  I  G  L  O  N  T  I  L  N  N
Q  A  I  N  O  L  O  P  A  Q  I  H  Q  E  I  A
W  P  N  O  C  E  O  H  G  P  E  S  I  H  A  D
H  S  A  I  M  R  C  L  E  I  R  A  Q  A  I  A
H  I  M  A  C  A  B  S  N  P  J  E  D  R  D  G
C  H  O  W  Z  A  L  C  E  Y  K  U  S  S  O  X
N  K  R  B  R  W  R  I  S  X  D  Q  J  I  B  A
V  I  E  T  N  A  M  A  V  F  C  Y  C  E  M  Q
A  E  G  Y  P  T  O  T  G  M  U  S  D  M  A  M
D  A  N  O  N  K  Q  Q  Y  U  K  J  H  P  C  S
V  E  N  E  T  I  O  L  A  C  A  Z  K  F  A  E
```

AEGYPTO	LATVIA
BRAZIL	MALI
GERMANIA	NICARAGUA
FINLAND	NORWAY
INDIA	POLONIA
IRAQ	ROMANIA
ISRAHEL	SENEGALIA
ITALIA	HISPANIA
CAMBODIA	VENETIOLA
CANADA	VIETNAM

59 - Wasser

```
Z O P J L C P A Q O K N O Z D G
M B E L S A C A N A L I S O R Q
W E T S U T C U L F O O Q E I A
G G E C I V B U A W K E X P N T
V Y S Q F U I I S P H V L W K S
M L I Z T Y U A A V U A L S A E
N C A U T F H P T C M P W H B N
I G Z I V B N U I U I O V F L O
X E P M R F F J D S D R M A E I
F L A U V R M V I N O A E Q C T
L U G E Y S E R M A J T U B O A
U X P Q P O L G U Y P I K R M G
M U I V U L I D H K R O P A V I
E A L L E C O R P I W Z R K S R
N G C P A H B Q B A E V H H X R
M M D O C E A N U M Q I E Q W I
```

IRRIGATIONES
VAPOR
IMBER
ICE
HUMIDO
HUMIDITAS
FLUMEN
DILUVIUM
GELU
GEYSER

PROCELLAE
CANALIS
ETESIA
OCEANUM
PLUVIA
NIX
LACUS
DRINKABLE
EVAPORATIO
FLUCTUS

60 - Science Fiction

```
Y X V N C I B C G P H F T C V D
C K A N D S R O H I O B K W S Y
Y V C E S S I D N E P S U S W S
R E X T R E M A A W M F P I D T
F U T U R I S T I C V I B R L O
L E A O R A C U L U M W C Y Y P
T O I S U L L I M U N D I A O I
Q O R A T H Q K M U V N S D L A
Q F A M Y J C Q R U T O P I A S
I G N I S T Y F J U N A Y J L J
F B I A I B W Y Y I A A D S L S
A U G O U O P H Y H T T C F U O
F T A F E I K H F B S K F R N V
O H M Z Y U A Q P A I X A L A G
P C I P L A N E T A D C H V N L
C R E P I T U S A T O M I C U S
```

ATOMICUS   GALAXIA
CHEMICALS   ARCANUM
DYSTOPIA   ILLUSIO
CREPITUS   IMAGINARIA
EXTREMA   ORACULUM
SUSPENDISSE   PLANETA
DISTANT   NULLA
IGNIS   UTOPIA
FUTURISTIC   MUNDI

61 - Literatur

```
C C C O M P A R A T I O N E M M
W O R F D E S C R I P T I O N E
K N O I H L U Z O K A V F I K T
F C F C P Y N L T R T Q F S A A
P O S T K T E Z C U W J R U R P
D R B A X S G C U M X F Z L G H
M D S C L J L B A T I V H C U O
R A C I T E O P A M T D I N M R
E R I N M S V G Q X D I I O E A
E E R D U I I R G B T A R C N Y
X N R A E M L A P Y O L F J T P
B O X N W O E I I J Q O Y E U T
S V E G S V G R T V I G W A M L
N E M R A C D A O U V U O M R T
A N A L Y S I S R C D S I X E U
B J F A B E L L A T R O F M Y L
```

SIMILITUDO
ANALYSIS
FABELLA
AUCTOR
DESCRIPTION
VITA
DIALOGUS
FICTA
CARMEN
GENUS

METAPHORA
POETICA
CONCORDARE
NUMERO
NOVE
CONCLUSIO
STYLE
ARGUMENTUM
TRAGOEDIA
COMPARATIONE

62 - Wandern

```
E Q T N E N R Q W F E T Z J I T
L E Z B T H E N H E E A Z Q Z E
A G H G G F T Z I R I O I F V M
L B Y D D W A R B A G P D B W P
R X N M V R V M Y P M A C E O E
P R A E P A R A T I O M J G Z S
K K I V N R G R A V I S A U S T
N S X S S U N R E B A T Z P O A
O R I E N T A T I O N C B F L S
J T A C C A R T S A C O A Q M Q
F H D U R N L A P I D E S E Z Y
J N O D D A A N I M A L I A L J
Q C A J A P P C U L M E N W I I
X G Q M O N T E M M W W Y L W D
A H U E W J G F I L A S S U S B
D C A K S X A L F Y L Q W F D T
```

MONTEM
CASTRA
DUCES
CULMEN
MAP
CAELI
LASSUS
NATURA
ORIENTATION
PARCIS

GRAVIS
SOL
LAPIDES
TABERNUS
ANIMALIA
PRAEPARATIO
AQUA
TEMPESTAS
FERA

63 - Globale Erwärmung

```
S  C  I  E  N  T  I  S  T  L  E  G  E  S  L  G
O  A  L  I  Q  U  A  M  P  A  T  A  D  C  Y  E
V  P  N  X  C  I  R  G  M  A  R  Q  U  D  B  N
W  I  E  S  P  O  P  U  L  I  R  C  O  D  L  E
M  M  K  R  V  R  N  N  K  R  E  D  T  Q  Q  R
K  P  Z  W  A  Y  B  U  D  T  L  S  S  I  A  A
M  E  S  S  W  M  C  N  I  S  D  H  T  L  C  T
V  R  I  P  X  A  I  C  H  U  R  H  Z  E  O  I
Q  I  D  P  J  B  Q  P  K  D  Z  M  Y  A  A  O
W  U  P  Y  I  H  B  O  L  N  T  J  U  C  C  N
L  M  D  I  S  W  N  E  M  I  R  C  S  I  D  E
B  O  T  E  M  P  E  R  A  T  U  R  I  S  E  S
E  J  C  I  N  T  E  R  N  A  T  I  O  N  A  L
R  C  T  A  U  Q  E  S  N  O  C  E  F  V  E  O
V  E  S  T  I  B  U  L  U  M  M  G  Y  U  Q  B
I  D  R  T  A  A  F  U  T  U  R  U  M  P  R  Q
```

ARCTIC	NUNC
OPERAM	CAELI
POPULI	DISCRIMEN
DATA	LOCA
VESTIBULUM	IMPERIUM
CONSEQUAT	TEMPERATURIS
GENERATIONES	ALIQUAM
LEGES	SCIENTIST
INDUSTRIA	FUTURUM
INTERNATIONAL	

64 - Länder #2

```
U D J T U Q H O B G S H R P S P
H K Z S N D U U E W A A S Q U U
I Q E J I A Y M A G I I Z Y D G
H P A N I A R C U U R T H K A A
V M L U Y F H T C U E I K D N N
O Q Q X A A I L L A G A I K I D
K N M A I I B D A A I Q V F A A
R W D P R N E P P Q N Y I J X W
K A I C E A R G E Q J A K N P H
B V L X B B N F N L X T I H T V
K K K G I L I A C I A M A J E O
P Z T J L A A I P O I H T E A R
D J Z O Z W D R M A R U S S I A
M E X I C O M Y I U J R W O N O
Z O Q R Q G B S V X I L A C A L
F T H H G U T N X K L J D X D L
```

ALBANIA	LAOS
AETHIOPIA	LIBERIA
DANIAE	MEXICO
GALLIA	NEPAL
GRAECIA	NIGERIA
HAITIA	RUSSIA
HIBERNIA	SUDANIA
JAMAICA	SYRIA
JAPAN	UGANDA
KENYA	UCRAINA

65 - Fahrzeuge

```
H T W Z Z A O P Z I O Y T B G A
K E A M T C A R O L O D I E P O
X N L B B Y Z B F R U M R P N D
N I F I E R U C A E T T E R M H
Z R N V C E N N H T A T S M U M
L A O I N O O M E O T T I U P B
M M S S A C P Z R O I M T T K G
X B U M L M X T W C M M A A O K
W U B T U W J J E S O M R T E R
L S W H B G U I K R C S M I C O
S L A L M V I V A M U S E M Y T
T O Y M A T R A C T O R A O I O
E A Q F K C I N G E F U S C R M
N S X V N A Y K M X Q N S Q I C
U G U I U D T X D O D Q S E A I
F B I X F C K W J L B K M G L G
```

CAR	ERUCA
NAVI	TIRES
PORTTITOR	SCOOTER
RATIS	TAXI
VIVAMUS	TRACTOR
HELICOPTER	SUBWAY
AMBULANCE	SUBMARINE
DOLOR	COMITATUM
MOTOR	COMITATU

66 - Musikinstrumente

```
B A S S O O N C M A B Z V M E U
P R U T J W O I A W X I D S Q Q
S G S G N O G T N F S O N A T A
Q M S F A O S H D C Y N F E V W
A Q U F B J H A O T M A H N L S
B E C N E H W R L R C I Y O M P
H T R M O Z A A I L E P M B I P
O L E G T V G R N E O W H M T W
I I P E R I Z F M N U L C O J W
C E L L O O B O D O N D D R V T
F B D P C W J I L H N W O T I U
K X O A X W Z S A P E I B I T B
O I X A L R D A T O A L C A A A
G T Q D N T O U W X C V J A E U
Y J O S S T Y M P A N U M M C X
T I B I A E H K K S B P B V L L
```

BANJO	PIANO
CELLO	MANDOLIN
BASSOON	HARMONICA
TIBIA	SONATA
VITAE	TROMBONE
CITHARA	SAXOPHONE
PLENI	PERCUSSUS
GONG	TYMPANUM
TIBIAE	TUBA

67 - Blumen

```
D A I S A C I E F N B H P Y P S
O A G O B G I K L J U E A S O R
C R I L V E B N O D S L S M I I
S E C S A N D T S W B I S M E J
I V L H Y O Y Z M D T A I A T D
B A X V I V P U U W L N O G E G
I P J G H D W H R J P T N N Y T
H A T U L I P A O B O H F O C A
Z P O A S X G U L T J U L L Y R
L R V L N D A X A Z I S O I B A
L I L I U M E Y T Q H S W A J X
F X V U U X N H E M N I E X P A
T W P D J T E A P T M A R M O C
L C M T D I A I N E D R A G J U
H K I E R P N P L U M E R I A M
E T V T R I F O L I U M N P Y I
```

PETALORUM
GARDENIA
DAISY
HIBISCO
AENEAN
TRIFOLIUM
CASIA
LILIUM
TARAXACUM
MAGNOLIA

PAPAVER
ORCHID
PASSIONFLOWER
AGLAOPHOTIS
PLUMERIA
ROSA
HELIANTHUS
FLOS
TULIPA

68 - Natur

```
B F Z F P F R M N F S T A E G D
C A J H P R S E R E N A O X L E
O A L A Z O E S E P A W I E A S
U P L E P N T U I O I O C S C E
F C Y I T D N S R L L D Q A I R
U Y E T G E O C N C A U A B E T
N W X G X O M I C X M T C M R O
E U V R G I V P X Q I I I U L O
M B B S M Z O I S Y N R T V X I
U W K E J T Y T Z W A H C O S F
L Q Y P S H M V I F L C R Z D E
F W X N A Y P K F V B L A B D R
Q A W F Q F A I Q I Q U G P B A
N S I L V A C V E F V P J M Y W
S S O R F O I T R O P I C A L R
O L H H I S S U U P Z E V G F J
```

ARCTIC

MONTES

APES

SUSCIPIT

EXESA

FLUMEN

PACIS

GLACIER

SERENA

FRONDE

VITALIS

CALIGO

PULCHRITUDO

ANIMALIA

TROPICAL

SILVA

FERA

NUBES

DESERTO

69 - Urlaub #2

```
S  C  O  X  R  B  B  Q  F  B  I  N  C  T  H  E
I  O  O  P  I  B  P  R  T  U  A  J  U  A  O  N
N  M  V  T  I  J  P  R  L  A  G  H  N  B  T  U
G  I  I  P  E  R  E  G  R  I  N  U  S  E  E  L
R  T  S  X  S  R  Q  O  C  S  Q  S  E  R  L  L
A  A  A  A  A  X  L  G  L  N  T  X  T  N  T  A
P  T  A  L  I  T  G  D  H  Y  E  V  N  A  E  E
H  U  O  I  R  I  G  Y  S  G  U  I  O  C  F  K
U  W  Y  E  E  L  F  Z  Q  E  I  P  M  U  J  V
S  B  R  N  F  E  O  V  C  C  N  H  S  L  V  H
O  P  C  A  G  N  J  J  R  G  S  B  F  U  A  S
F  H  U  X  O  J  L  C  E  J  U  T  E  M  A  R
Y  C  K  W  C  I  P  D  T  R  L  F  X  A  M  X
O  T  I  U  M  V  K  T  I  P  A  M  J  E  C  N
I  F  Q  Q  F  U  Y  F  Q  J  Y  M  S  I  O  H
X  S  R  H  H  K  C  A  S  T  R  A  M  Q  M  C
```

PEREGRINUS	SINGRAPHUS
ALIENA	ITER
MONTES	AMET
CASTRA	BEACH
ELIT	TAXI
OTIUM	NULLA
HOTEL	FERIAS
INSULA	VISA
MAP	TABERNACULUM
MARE	COMITATU

70 - Barbecues

```
T R I D E N T E S F A M I L I A
T O M A T O E S G M K R I L N R
D O U C X T J C T U O O L D B E
C T I I H K V Y A Z O O I C E G
S X S S Z K T D G L H W F J X K
N A S U L H T L M U I D N A R P
B I E M U R O G E G U D L N E A
C E P E N U S A L G U K U E P L
C R A T I C U L A M U S D M I H
C O N D I M E N T U M M S Q P F
A G O L T U K T A R Y B I Y B A
M Z D U N L J L A Z X C P N C M
I L C Y E L H E I T B Q W T A E
C Y V D T U N Q E W S O D U L S
I P D E O P G P P R N E Y A X A
S E N U P F R U C T U S A Y O N
```

PRANDIUM
FAMILIA
AMICIS
FRUCTUS
TRIDENTES
LEGUMINA
CRATICULAM
CALIDUM
PULLUM
FAMES

FILII
MUSICA
PIPER
POTENTI
SAL
AESTATE
CONDIMENTUM
LUDOS
TOMATOES
CEPE

71 - Schach

```
S S X T Q X J X A P D R L P S K
T A K K O V W A F V H E T R A H
D I T E A X C Q R S L G F A C E
F O R T I S S I M U S I R E R H
W V I S W V Y H L P E N C C I P
Q C A M P N D E Z M L A E E F A
S Q Q Q U X S W F E B F R P I S
L W R A E Q U P N T P I T T C S
T O R N E A M E N T U M A A I I
A D V E R S A R I U S J M P U V
N C O N S I L I O B G Z E U M A
I D I S C E R E B Q O J N N A L
G L U D I O L U D I U S B C L U
R U M W R E X R S Z N B O T B D
U U Z K D U H I B E S Q C A U U
M D I A M E T E R F D B T J S M
```

FORTISSIMUS	PRAECEPTA
DIAMETER	NIGRUM
ADVERSARIUS	LUDUM
REX	LUDIO LUDIUS
REGINA	CONSILIO
DISCERE	TORNEAMENTUM
SACRIFICIUM	ALBUS
PASSIVA	CERTAMEN
PUNCTA	TEMPUS

72 - Geographie

```
K Z K H S E M E T N O M I R E I
X C O Q E A P E O Q B X N X V E
V O D R R M E B R U D T S E W E
C D U L A U I Q Z I I J U B M P
K U T O M N W S H Y D I L Y D L
C T I O W A O I P A M I A D C D
V I T V F E R N A H N N A S N E
A T L A S C A I R T A P I N C P
E A A A Y O E D M R P E J E U A
F L U M E N B U E O J V R N X S
R E G I O N E T M N X N O I N N
J Q V H U O Y I T U U R X T O P
T X C N R R O G J D N V V N A X
E F O U R A S N A Y R D M O F Y
D B N R A K R O S S T G I C N P
I A D F S A V L K I M B K S S D
```

ATLAS
MONTEM
LATITUDO
FLUMEN
HEMISPHAERIO
ALTITUDO
INSULA
MAP
CONTINENS
PATRIA

LONGITUDINIS
MARE
MERIDIANUS
NORTH
OCEANUM
REGIONE
URBEM
MUNDI
WEST

73 - Zahlen

```
Q G F X X F Y I Z A M T K Q D A
C U C D J M I C E D M E T P E S
S M A P G T J F A T R E S J C X
E E H T G H B L T S V D C U E U
L V X Z T F F Q N Q I U M D M N
A O T C O U J N R T G O L X E D
M N Q L N C O U D D I D U U T E
I J U Q Z U B R Y A N E D U O V
C P I P L C L A D H T C E Q C I
E K N D T S B L I E I I C U T G
D I D Y B L Z G A G C M E I O I
Q O E S E D E C I M X I M N O N
V B C S E P T E M K B O M Q B T
Z C I Y Q W O R O U T T A U Q I
F L M I C E D E R T X M F E H Q
Q T E N M D I N A O L E L Q M G
```

OCTO	SEX
DECEM ET OCTO	SEDECIM
DECIMALES	SEPTEM
TRES	SEPTEMDECIM
TREDECIM	QUATTUOR
QUINQUE	QUATTUORDECIM
QUINDECIM	DECEM
NOVEM	VIGINTI
UNDEVIGINTI	DUO
NULLA	DUODECIM

74 - Kunst Liefert

```
G O R L D Q R C C S R J F Z Y C
M L L L Y K F E H F O I B N J O
E T U E E G Z N S A R E M A C L
N K R T U N N O R R R T V P Z O
S A K Z E M V D Z D P T H E Z R
A H Q S Q N T T P E Y Q A N L E
M O W T M S R T L H F D Z I H S
N T B F K W G O F T P O R C W Y
D I V M U T N E M A R T A I G N
E U R U I D Q P V C Z I D L G F
L M N T P E R T E R G E T L Y M
E O M U I R A S S O L G Z I H P
O A Z L N T A Q U A I U E C S I
V O U P V Q A V Z R W B X V C E
X X W I Z L U M K G A O A T M H
C A R B O N E S U F U N I L B O
```

DONEC	CHARTA
PENICILLI	DELEO
PERTERGET	OTIUM
COLORES	CATHEDRA
CARBONES	MENSAM
CAMERA	ATRAMENTUM
GLOSSARIUM	LUTUM
GLUTEN	AQUA
OLEUM	

75 - Tage und Monate

```
S N S A S H W I G S U Q D E L A
E T V L I E W E D N E S D A Y U
Z R Z I T N P O E M E N S E L G
A A A Q R U L T U G C D C A U U
R K Y U A J B U E Q C X Z G J S
Z L L A M N A N A M I T P E S T
H L K M J S L L Y T B M M O N D
D N O V E M B E R S Y E O H P E
P O V H Q E Q N A Y R D R K Z C
W N M H Z G M B U A A B A G F E
S N Z I S M X B N D U D D I R M
P A G C N U Y E A R R H N J C B
L F G T Q I J T J U B R E O S E
M F I B A H C K G T E E L V M R
V E N E R I S A R A F D A I E E
V W O H J Z D U A S I D C S D C
```

AUGUST   CALENDAR
DECEMBER   WEDNESDAY
MARTIS   MENSE
JOVIS   MONDAY
FEBRUARY   NOVEMBER
VENERIS   ALIQUAM
ANNO   SATURDAY
JANUARY   SEPTEMBER
JULY   DOMINICA
JUNE   SEPTIMANA

76 - Emotionen

```
O  G  R  A  T  U  M  U  I  D  U  A  G  T  T  D
Z  N  S  A  T  I  S  F  H  Z  K  I  X  R  N  Z
E  G  E  I  Y  G  F  N  L  R  B  H  Y  A  D  U
X  K  A  R  R  H  M  E  T  U  S  T  R  N  L  V
N  M  N  F  O  A  G  V  L  T  I  A  C  Q  H  T
T  U  T  A  M  S  G  C  P  A  J  P  F  U  J  W
X  R  F  H  A  P  A  N  J  T  U  M  Y  I  P  E
W  I  I  Z  N  O  Q  W  M  I  A  Y  O  L  A  Q
Y  M  U  S  S  I  M  E  R  C  G  S  H  L  C  B
Z  S  V  J  T  Z  H  R  X  X  O  D  E  I  E  P
F  W  J  N  B  I  O  N  F  E  I  U  V  T  M  Y
E  K  V  U  Q  T  T  W  E  M  T  U  E  A  B  Z
P  U  C  I  X  F  J  I  S  I  N  I  B  S  Z  B
T  A  E  D  I  U  M  S  A  G  G  U  P  B  D  E
M  I  S  E  R  I  C  O  R  D  I  A  M  B  B  T
T  E  N  E  R  I  T  U  D  I  N  E  M  C  G  Z
```

METUS

EXCITATUR

ONEROSA

GRATUM

REMISSUM

GAUDIUM

MISERICORDIAM

PACEM

TAEDIUM

AMOR

TRANQUILLITAS

SYMPATHIA

TRISTITIA

MIRUM

IRA

TENERITUDINEM

SATIS

77 - Kräuterkunde

```
K  H  I  F  P  Y  R  A  N  I  L  U  C  S  O  V
W  Q  B  A  B  B  O  G  T  K  O  M  D  A  R  R
A  C  D  E  Q  X  S  A  L  L  I  U  M  P  I  E
R  I  Y  N  T  J  M  U  M  Y  H  T  U  O  G  S
Z  W  Z  I  M  O  A  T  J  O  A  S  C  R  A  M
H  M  M  C  R  K  R  R  O  U  M  D  I  E  N  S
Z  A  G  U  Q  A  I  F  T  Y  M  B  T  M  I  J
J  D  X  L  U  X  N  O  G  A  R  R  A  T  G  B
U  T  P  I  A  N  U  S  X  V  T  E  M  N  C  G
Y  S  U  I  L  I  S  A  B  B  K  P  O  K  B  Z
Z  B  S  I  I  R  S  N  E  I  D  E  R  G  N  I
F  M  U  H  T  E  N  A  B  L  V  H  A  P  G  F
G  L  C  H  A  L  C  U  C  V  I  R  I  D  I  S
V  N  O  F  S  I  H  O  R  T  U  S  O  A  O  E
U  Q  R  S  N  T  C  L  H  A  S  M  Y  A  F  K
Z  E  C  F  M  U  N  I  L  E  S  O  R  T  E  P
```

AROMATICUM	CULINARY
BASILIUS	CASIA
FLOS	ORIGANI
ANETHUM	PETROSELINUM
TARRAGON	QUALITAS
FAENICULI	ROSMARINUS
HORTUS	CROCUS
SAPOREM	THYMUM
VIRIDIS	UTILE
ALLIUM	INGREDIENS

78 - Tugenden #1

```
D Q M V M V J A O V Y X L B I M
Y E R B O S B T V F N H I E R C
D W C Y S V O R S H A F B N A O
E P S R N S N E I T A P E E C N
Q U B Z E I U C W Q P F R V U F
V M A S G T M R U D H X A O N I
W P V Q I R O N T R K D L L D X
X U A I L A R R J E I M I E U I
M G K H L P B S I P O O S N S T
A Q T D E Q K T B U V C S S U E
K F F K T F O S U V M M U U T D
F A V F N S A P I E N S D V S Y
A S N E I C I F F E L O N L U O
I N D E P E N D E N S D U N N
M O D E S T U S D A C F M Y E M
P R A C T I C A G X A Q D X V A
```

MODESTUS	ARTIS
VENUSTUS	IRACUNDUS
EFFICIENS	CURIOSUS
DECRETORIUM	PRACTICA
PATIENS	MUNDUS
LIBERALIS	INDEPENDENS
BONUM	SAPIENS
BENEVOLENS	CERTA
INTELLIGENS	CONFIDIT

79 - Aktivitäten und Freizeit

```
G  N  P  C  B  P  M  A  M  H  H  D  H  V  D  U
A  A  R  E  B  W  I  P  P  D  X  B  J  J  P  T
R  T  A  M  E  T  C  S  E  I  Q  U  H  M  D  Y
D  A  N  Z  Y  Y  Y  O  C  Y  C  E  J  K  B  W
E  N  I  U  S  Z  I  W  N  A  I  T  Z  K  D  P
N  T  V  O  U  J  K  T  T  S  N  R  U  V  P  K
I  E  L  K  P  D  Y  C  J  E  E  D  K  R  U  B
N  S  U  L  E  V  A  R  T  I  U  Q  I  B  A  A
G  E  P  K  R  G  H  H  T  B  Q  J  U  X  F  S
N  C  L  Y  F  L  O  G  Q  B  I  D  Z  A  Q  E
I  I  J  Y  I  J  M  A  E  O  T  X  X  V  T  B
X  R  R  X  C  S  Z  S  A  H  S  N  T  P  U  A
O  T  M  M  I  S  S  I  N  G  I  D  E  C  T  L
B  L  C  T  E  A  F  L  F  M  R  W  Z  V  W  L
Q  U  A  S  S  P  G  I  W  J  T  Y  S  V  J  J
C  A  S  T  R  A  G  F  J  X  S  T  G  M  X  X
```

PISCANDI
BASEBALL
ULTRICES
BOXING
CASTRA
AMET
DIGNISSIM
GARDENING
PICTURA

GOLF
HOBBIES
ES
TRAVEL
NATANTES
SUPERFICIES
CONSEQUAT
TRISTIQUE
PULVINAR

80 - Formen

```
A  K  B  R  J  O  Q  X  X  K  H  P  G  D  Z  V
X  R  D  B  M  C  M  U  L  U  G  N  A  I  R  T
C  I  R  C  U  L  U  S  A  E  N  I  L  R  R  P
R  E  S  R  B  A  U  B  A  D  H  S  I  X  T  S
A  L  P  W  H  V  K  U  V  R  R  S  J  P  I  E
M  L  H  P  Q  O  T  O  R  M  O  A  B  T  I  C
S  I  A  D  O  M  U  L  U  G  N  A  T  C  E  R
I  P  E  M  S  U  B  U  C  Y  P  C  I  U  O  H
R  S  R  G  P  M  A  G  X  T  O  Y  Q  G  M  V
P  I  A  F  R  K  I  N  E  O  L  L  D  N  C  K
C  I  R  C  U  M  F  A  M  I  Y  I  I  P  K  E
Q  P  Y  R  A  M  I  D  I  S  G  N  Y  A  X  J
C  B  Z  A  W  F  F  Q  A  F  O  D  T  N  P  U
H  Z  B  M  K  Z  J  P  E  T  N  R  U  M  J  N
H  N  X  D  J  W  O  Y  I  L  U  O  S  B  D  E
G  A  R  Q  K  A  C  O  N  I  M  O  M  Z  P  N
```

ARC	OVAL
TRIANGULUM	POLYGONUM
ANGULO	PRISMA
ELLIPSI	PYRAMIDIS
ORAS	QUADRATUM
CONI	RECTANGULUM
CIRCULUS	CIRCUM
SPHAERA	PARTE
CURVA	CUBUS
LINEA	CYLINDRO

81 - Musik

```
Q P V I A U H B A R E P O Z Y J
D K K A T M H X L A C I R Y L C
P V D G R U O J B E C I E A O N
Y E T V B C E Y U E Z N M Z V K
Z N P Z I I H X M Z E T U I V Y
H C L A S S I C A L S W N R E I
I N S T R U M E N T U M O E S M
H N K Z Q M U T K E C D E C T E
N A U R O T N A C T I Y Q O I P
L A R M G Y G T S U S F C R B A
D L E M E N H G R U W B D U E
M U X N O R O A K X M A Z I L O
E G T Z I N O C V X E J R N U X
X I D A F A I S U R O H C G M B
K L M L K N E A A P O E T I C A
C O N C O R D I A A C C G D A Q
```

ALBUM
RECORDING
NAENIA
CHORUS
CONCORDIA
HARMONIA
VESTIBULUM
INSTRUMENTUM
CLASSICAL
LYRICAL

CANTATE
LIGULA
MUSICUM
MUSICUS
OPERA
POETICA
NUMEROSA
NUMERO
CANTOR

82 - Antiquitäten

```
G M C O N D I T I O A H M U U D
D A V L B B N P L N L Q C E J M
I R L E S Q O R J P O G D Y E P
G E J L M T T E A Z J Y C M D Q
N V W L E S A T I L O S N I Q B
I M N I U R Q I K N E R U W E W
S U T E V S Y U I M N R P Y L S
S C V T U Z A M E Z K Z S G E H
I O J M E L I T C E L L E P U S
M I O U A O A I I I T E M B Q B
X N U Y R J E W E L R Y D T S O
E S Q S U C I T A N A F B L N D
V E V U T S T Y L E N U V B M C
J K Y T C E N T U R Y Z Q J R S
M O G U I Y G D N N U L L A M S
B U V P P E L E G A N S J A C E
```

VETUS
ITEM
VERAM
NULLAM
ELEGANS
FANATICUS
GALLERY
PICTURAE
DIGNISSIM
CENTURY

ES
SUPELLECTILEM
COINS
PRETIUM
QUALITAS
JEWELRY
STYLE
INSOLITA
CONDITIO

83 - Adjektive #2

```
Q  T  S  K  L  D  C  X  D  S  N  O  S  K  Q  P
C  R  E  A  T  R  I  X  E  T  A  L  A  J  L  O
V  Y  T  S  V  A  P  A  S  N  T  Z  N  G  S  I
A  R  N  L  P  O  T  K  C  R  U  E  U  D  S  B
A  T  E  A  X  P  N  Q  R  L  R  H  S  H  K  V
Z  Y  I  S  H  B  A  U  I  J  A  W  I  Q  Q  K
Q  A  R  M  W  B  W  K  P  P  L  T  L  L  X  B
K  S  U  C  I  G  A  R  T  P  I  O  I  C  G  I
S  O  S  U  X  B  F  W  I  P  S  W  B  O  D  I
I  U  E  F  X  C  O  O  V  M  N  J  O  M  U  T
E  T  P  L  B  F  R  N  E  X  B  K  N  M  Y  M
D  C  T  E  M  A  T  E  O  D  U  I  S  O  Y  R
U  U  R  Y  R  G  I  H  E  V  M  I  W  D  X  I
L  R  B  X  X  B  S  K  I  J  U  H  W  O  W  N
I  F  J  I  H  J  U  F  E  R  A  M  A  R  E  V
S  N  A  G  E  L  E  S  F  L  Q  C  I  A  O  G
```

VERAM	CREATRIX
NOBILIS	NATURALIS
DESCRIPTIVE	NOVUM
TRAGICUS	DUIS
ELEGANS	FRUCTUOSA
EDULIS	SALSA
NOVA	FORTIS
SANUS	SUPERBUS
ESURIENTES	AMET
COMMODO	FERA

84 - Kleidung

```
C T I B I A L I A M A Q K V P P
O Y Z K M Y M Z K N S S E I M O
A K C I N G U L U M H N M L S A
T L A C I N I A N U L L A N E C
B H U C E U U Q B X N F P V R C
S R S V A M J W S S G F Y U O H
A A A J T E J A C K E T R S M M
M M N C L R S E A R M I L L A M
A O R D C E Y T R I H S E P O A
J N N Y A A L Y U E G X W N F H
A I L W Z L E C P S H H E T Z H
P L G A Y G I M U U A M J P O P
R E M O V P M A U O B H A W E Z
S W E A T E R C T L I A G H X L
N S Q J O M H Y O B T T I X P X
C H L A M Y D E M P U T K Y G T
```

ARMILLAM	COAT
BLOUSE	MORE
CINGULUM	SWEATER
MONILE	LACINIA
CAESTUS	SANDALIA
SHIRT	CHLAMYDEM
BRACCAE	PAJAMAS
HAT	JEWELRY
JACKET	NULLA NEC
HABITU	TIBIALIA

85 - Haus

```
R D P O E S S L K R C L C V L A
F O C O I E B G Y Z Y I U E X S
U M Y E Q E J L A P T B B S X U
O J K T T D Y X A X Q R I T Z P
C F A I R A E U Q A L A C I M E
A C T N J G T X J G J R U B P L
M X T S R F A G F K M Y L U Y L
I E I A E E R G B U W U L U E
N J C L B Q C N A K T P M U S C
O M A C M T B U E G C V U M P T
V W P M I R A O L S E S R E E I
O S T I U M V U L U T W U P C L
K T H P R W A H O T A R M E U E
G E N I S T A E C R O W A S L M
A M U B I U L U U O P B X T U P
V E L K E F M T S H H P R O M L
```

GENISTAE

LIBRARY

TECTUM

ATTICA

LAQUEARIA

IMBER

FENESTRA

GARAGE

HORTUS

FOCO

VESTIBULUM

LUCERNA

SUPELLECTILEM

CUBICULUM

CAMINO

SPECULUM

OSTIUM

MURUM

SEPEM

LOCUS

86 - Bauernhof #1

```
E E S J M X W G G H Z S I P A B
F Q O E U T U M U L U T I V U O
D U L L W C A A M E L E Z N Q S
V U O N K E S R E P L R G J A Z
X S J F O A I U P X R C N K L C
P A M F C P N T E A Z O L S Y S
I N G I B I U L S X V R D F U E
Q K K R T Z S U O H E A S O V V
P G J M O I E C I R L T P A N W
P U L L U M B I O V U Q N Y A G
F X X O K U S R N R N A F F J V
C U Q G O C L G N D V R E H Y X
J W K L B R D A L K E U J Y E W
V W F E L I S Q R Q S P S R Q S
B T S K G H T E R R A A D U M L
H A Y J E U X B C R G C Q G F R
```

APIS	FELIS
SOLO	CORVUS
STERCORAT	BOS
ASINUS	TERRA
AGRO	AGRICULTURA
HAY	EQUUS
MEL	RICE
PULLUM	AQUA
CANIS	SEPEM
VITULUM	HIRCUM

87 - Regierung

```
C P U V I R S M D U A D D Z U V
T O I T A R O D U X E I E P W W
F P N N M O K U Y E Q S M A R Y
N X X S U T A T S L U P O C O T
Y D S R T L B S H K A U C I C Z
A O I D N I L M U M L T R S R J
T K L V E Y T A R U I A A I B J
A C I V M Q U U M N T T T L E R
C G V R U M H A T G A I I A L V
I A I T N E T O P I S O A I W G
T Q C Q O U K L Y S O N F C U E
I Z C T M N A A E I T E L I E N
L I B E R T A T E M A M U D G S
O A B T N U Q A I T I T S U I V
P B P T F E I M I A G J A I G Q
V M W S D W S E B W K H I Q B P
```

NULLAM
DEMOCRATIA
MONUMENTUM
DISPUTATIONEM
LIBERTATEM
PACIS
DUX
IUSTITIA
LEX
AEQUALITAS

IUDICIALIS
POTENTIA
GENS
POLITICA
IURA
ORATIO
STATUS
SIGNUM
CONSTITUTIO
CIVILIS

88 - Berufe #1

```
R O R E M I M S S S O G O X Z Z
E B C C O M P U T A N T I S I O
H T D H J G C S M N F G O T Z L
P G I Y T O S S U T A G E L D H
A T T O R N A T U M P T W Y J G
R A D E A R U S U C I S U M E E
G R O T A T L A S E I Q H V W O
O T J P I B F U A D Z D Z X E L
T I P L U M B A R I U S E M L O
R F V E N A T O R K Z P S M E G
A E H T P N F J Z W W D T W R I
C X I R T U N B K O Q A Q N W S
P S Y C H O L O G I S T L D J T
V E T E R I N A R I U S P B V J
P S R X A S T R O L O G U S C Y
M E C H A N I C U S T H Q W W J
```

MEDICUS
ASTROLOGUS
REMI
LEGATUS
COMPUTANTIS
GEOLOGIST
VENATOR
JEWELER
CARTOGRAPHER
PLUMBARIUS

NUTRIX
ARTIFEX
MECHANICUS
MUSICUS
THE
PSYCHOLOGIST
ATTORNATUM
SALTATOR
VETERINARIUS
RAEDA

89 - Adjektive #1

```
S  S  S  T  J  F  B  I  I  A  M  E  D  I  V  J
A  R  T  I  S  P  C  K  S  R  Z  O  S  Q  L  A
A  Q  S  W  R  M  I  U  K  O  F  I  D  D  L  H
T  F  J  C  O  D  R  F  X  M  X  D  T  E  M  Q
U  E  Y  M  O  S  S  I  V  A  R  G  P  D  R  B
L  S  N  E  C  O  N  N  I  T  K  R  A  L  W  N
O  B  S  U  D  R  A  T  S  I  R  B  E  N  E  T
S  B  M  T  I  L  I  Z  T  C  P  M  G  P  T  R
B  N  I  B  H  S  N  B  I  U  R  A  F  E  K  U
A  C  T  I  V  A  G  U  S  M  E  X  Y  R  K  F
Y  R  K  S  T  T  E  M  A  U  T  I  K  F  G  A
P  F  H  D  J  B  N  S  L  F  I  M  P  E  U  V
U  G  A  C  X  K  S  V  T  G  O  U  A  C  M  Y
T  L  N  E  L  M  U  C  U  T  S  S  D  T  R  G
K  M  T  C  R  U  V  Y  M  N  U  G  F  U  W  A
B  E  A  T  U  S  P  D  H  C  M  F  T  M  A  P
```

ABSOLUTA	TARDUS
ACTIVA	MODERN
AROMATICUM	PERFECTUM
NIBH	INGENS
TENEBRIS	PULCHRA
TENUIS	GRAVIS
AMET	ALTUM
BEATUS	INNOCENS
IDEM	PRETIOSUM
ARTIS	MAXIMUS

90 - Geometrie

```
S U P E R F I C I E M W P M K Q
L C A L C U L U S F F S V A O U
T O H R C Q R C X C E Q I S T A
M E G S D K K M I B D F J S F D
W W W I S M S U R E M U N A I R
Y Y K J C V G L E R A T I O E A
N I F E U A M U T N E M G E S T
U P X G S H R B S D P H A S D U
P R O P O R T I O G M R X I L M
I D Q O X O I T A U Q E A T D T
S H U K G S L S U L U C R I C H
S U L U G N A E R A Y S E D M E
L I M B X T Y V E M S L T E S O
A L T I T U D O R T D T Z A L R
P A R A L L E L A U K L Q R L I
T R I A N G U L U M C M T P G A
```

PROPORTIO   LOGICA
CALCULUS   MASSA
RATIO   NUMERUS
TRIANGULUM   SUPERFICIEM
DIAM   PARALLELA
AEQUATIO   QUADRATUM
VESTIBULUM   SEGMENTUM
ALTITUDO   PRAEDITIS
CIRCULUS   THEORIA
CURVA   ANGULUS

91 - Jazz

```
T M U S I C O R U M K H D K S L
A T J X D Q X R X H F D J A L J
L T A D V A E G E N U S N L H U
E H J F B R F W F G T U Z B G W
N O I T A S I V O R P M I U F B
T U A N W I T H N T A D Z M A C
U T F F T L R B P R B F V Z V W
M U V O N I A X U T R E C N O C
U E Z R F B Q M C Y V W E D R P
C L C E Z O C M U N E J Q I I I
I Z U M M N Z B J S U T E V T T
T T U U C G U A I N I L E U E C
N M I N U L D U R H R C Q U S R
A R T S E H C R O S K C A C E O
C Z S T Y L E E M T O X F R C U
V G J K T S O L O T J F E Z V Q
```

ALBUM
VETUS
NOBILIS
FAVORITES
GENUS
IMPROVISATION
CONCERT
ARTIFEX
CANTICUM

MUSICA
MUSICORUM
NOVUM
ORCHESTRA
NUMERO
SOLO
STYLE
TALENTUM
ARS

92 - Mathematik

```
A P E R I M E T E R P T Z Q I N
S E L A M I C E D I O R S T X N
U C Q Q B O M C T C L I O W P L
I I E U E A B E R E Y A G J Y D
D G L R A X X Z L C G N E W R S
A K R E N T P T C O O G O M V W
R S U M M A I O U S N U M A I D
P K J M T K L O N F U L E N P P
W X Y U U T U I I E M U T U R A
H Y D C X Z G S S T N M R M A R
Q L V J A K N I V L C T I E E A
T W S Z C M A V X K W A A R D L
S P H A E R A I G O N I R I I L
E H Q B F L K D I K L J W F T E
R E C T A N G U L U M R P S I L
Z Z M Q U A D R A T U M U Z S A
```

FRACTIO
DECIMALES
DIVISIO
TRIANGULUM
DIAM
EXPONENT
GEOMETRIA
AEQUATIO
SPHAERA
PARALLELA

POLYGONUM
QUADRATUM
RADIUS
RECTANGULUM
SUMMA
PRAEDITIS
PERIMETER
ANGULI
NUMERI

93 - Messungen

```
C S Y T I M S U D A R G T C L S
E H P Y Z L U E T Y B E O I I V
N V R N D X D Q L A G O N I C O
T G B O A M N M W A I O Y R W L
I D C K L T O O O Y M H J L Z O
M M E A X N P S T D O I W I R N
E A K I L O G R A M A J C T B G
T S Q M I N U T I S Z Y Z E O I
E S O A U X A H G I N C H R D T
R A U N C I A M A R Q C Q U U U
M A W O B Q B J Z D A W B C T D
E K Q L V D S Y D I R M S Q I O
T H M L A T I T U D O S E D T X
R E T E M O L I K Q I M T O L A
I T L I Z P R O F U N D U M A J
Z M A H Z J C Q B H P O O M X Q
```

LATITUDO

BYTE

DECIMALES

PONDUS

GRADUS

GRAM

ALTITUDO

KILOGRAM

KILOMETER

LONGITUDO

LITER

MASSA

METRI

MINUTIS

PROFUNDUM

TON

UNCIAM

CENTIMETER

INCH

94 - Boxen

```
X  L  G  S  U  P  R  O  C  X  O  L  E  V  B  F
S  X  M  U  I  T  N  J  K  W  O  A  X  A  E  O
U  R  O  T  A  G  U  P  V  H  S  N  X  L  R
C  G  R  I  U  T  Z  C  F  K  A  S  J  D  L  T
O  A  F  B  D  N  B  H  J  G  E  U  O  M  C  I
F  O  L  U  G  N  A  T  B  U  O  S  I  O  F  T
I  Q  B  C  N  N  Q  T  O  K  I  T  T  C  B  U
N  V  E  D  I  E  Z  Q  I  R  F  E  A  S  O  D
I  B  Y  S  U  T  S  E  A  C  H  E  R  C  M  O
U  Q  F  S  U  I  R  A  D  N  E  R  E  F  E  R
R  B  L  W  O  M  C  A  T  C  N  U  P  S  L  B
I  M  Y  L  V  M  I  Y  R  Z  F  C  U  M  K  S
A  E  J  G  P  U  G  N  O  E  P  A  C  P  L  B
S  T  L  H  R  E  H  Q  M  U  T  N  E  M  I  O
A  D  V  E  R  S  A  R  I  U  S  R  R  Y  U  F
P  U  N  W  P  M  X  P  M  R  L  E  A  S  P  Z
```

ANGULO
CUBITUS
LASSUS
PUGNO
ARTE
FOCUS
ADVERSARIUS
BELL
CAESTUS
PUGNATOR

CALCITRARE
MENTUM
CORPUS
PUNCTA
RECUPERATIO
REFERENDARIUS
VELOX
FUNES
FORTITUDO
INIURIAS

95 - Psychologie

```
M  T  J  M  A  P  P  O  I  N  T  M  E  N  T  C
E  A  X  A  F  U  S  C  E  E  H  O  R  W  S  O
M  X  U  I  Z  R  L  J  D  M  F  R  J  S  X  G
O  A  C  T  Q  Y  N  I  W  A  U  U  K  E  J  N
R  T  P  N  R  U  R  E  W  T  A  Y  M  N  R  I
I  I  J  E  G  V  A  N  K  R  B  D  J  O  J  T
A  O  H  I  R  F  U  E  K  E  T  V  Q  I  R  I
P  N  V  C  N  C  H  U  S  C  K  N  L  T  F  O
U  E  L  S  Q  W  E  O  C  T  A  R  N  A  P  L
E  M  W  N  V  S  M  P  N  O  I  F  L  T  T  A
R  V  O  O  R  S  I  G  T  G  N  O  E  I  V  M
I  U  W  C  X  E  S  S  N  I  M  D  E  G  A  G
T  V  F  O  H  N  W  E  O  A  O  P  J  O  O  R
I  R  G  O  D  S  M  G  K  A  S  G  M  C  D  M
A  Y  Y  G  S  U  O  I  C  S  N  O  C  B  U  S
J  U  S  T  O  M  M  O  R  I  B  U  S  P  Q  U
```

TAXATIONEM	QUAESTIO
CONSCIENTIAM	SENSUM
EGO	APPOINTMENT
MEMORIA	JUSTO
COGITATIONES	SOMNIA
PUERITIA	SUBCONSCIOUS
FUSCE	MORIBUS
COGNITIO	PERCEPTIO
CERTAMEN	RE

96 - Bauernhof #2

```
V F W U R H L A C H C B H Y E A
E A M Z S O A N A T I S L Q I N
G C U F O R L U H L K N J C W I
E B T C Q D T G G O O P E E G M
T Y N E S E V O P D R C I T E A
A X E W S U T C U R F R I E V L
B C M G A M A L L P O V E R O I
I T U H O P K S T P E Q Q U G A
L T R A C T O R X R B N U J M A
I W F I R B E K O N I L K Y Q A
S R V U P R A T I S W T Y H N G
C I B U M O R C H A R D I Y O N
C L I A R N U M D C P F F C T U
I R R I G A T I O N E S H L U S
H M P Y A J A Y Q U L K R P J M
F Z C L L I M D N I W W X T W K
```

AGRICOLA
IRRIGATIONES
ANATIS
CIBUM
FRUCTUS
VEGETABILIS
HORDEUM
LLAMA
AGNUS
FRUMENTUM

LAC
ORCHARD
MATURA
OVES
HORREUM
ANIMALIA
TRACTOR
TRITICUM
PRATI
WINDMILL

97 - Gartenarbeit

```
H I B V S T P H O F E T X A D C
D T Q W F L O S D R A C A E L I
F B V R B D O W B O C U G S M T
V I L F P J E C V M I H T O E O
T U X Q A S Q P O U N A A H Y X
I V B F N B B Y Z N A T A R I E
A D I P I S C I N G T X W R D W
S N K B M U I L O F O I B A R M
P L H P E C E V O H B C N M U N
E Q G H S R D D Q W L P C E K J
C A Q U A E N R U S O L O K N Z
I D I R J T O T U L L D Z X Z S
E K B N L S R E T G I H W Q D Q
S T E X R H F E S Q N S N I K U
F L O R E B I T Z P Y G B X U K
Q W Q E K Z H H O Y P T R H F U
```

SPECIES
FOLIUM
FLOREBIT
SOLO
BOTANICA
CONTINENS
EDULIS
EXOTIC
UMOR
CAELI

STERCUS
FRONDE
ORCHARD
SEMINA
ADIPISCING
HOSE
LUTO
FLOS
AQUA

98 - Berufe #2

```
P  I  T  R  U  R  S  U  N  A  L  U  T  R  O  H
W  H  Y  M  E  R  O  T  I  S  I  U  Q  N  I  M
X  K  D  U  F  I  Q  R  E  T  S  I  G  A  M  W
I  Y  M  I  Q  L  Q  D  L  R  L  M  S  N  N  H
N  V  A  T  P  S  U  H  P  O  S  O  L  I  H  P
V  T  P  E  N  S  H  Q  Q  N  K  C  A  K  W  W
E  P  P  R  C  M  W  I  L  A  S  J  H  Y  F  G
N  F  Z  P  T  F  P  A  S  U  C  I  D  E  M  R
T  D  E  N  T  I  S  T  M  T  L  D  C  H  W  R
O  S  P  I  N  Q  U  I  S  I  T  O  R  O  B  V
R  L  C  I  P  H  A  R  M  A  C  O  P  O  L  A
G  B  X  L  C  C  L  I  N  G  U  I  S  T  U  L
M  X  V  V  K  T  S  I  G  O  L  O  I  B  D  G
K  Q  G  X  P  R  O  T  A  N  R  E  B  U  G  Z
M  D  R  W  A  W  A  R  E  E  N  I  G  N  E  Y
I  L  L  U  S  T  R  R  A  T  O  R  T  A  T  X
```

MEDICUS	ILLUSTRRATOR
ASTRONAUT	ENGINEER
BIOLOGIST	WISI
PHARMACOPOLA	MAGISTER
INQUISITOR	LINGUIST
INVENTOR	PICTOR
INQUISITOREM	PHILOSOPHUS
PRETIUM	GUBERNATOR
HORTULANUS	DENTIST

99 - Wetter

```
C G M X K H K D Y L J S U P T V
C A I S E T E I T L N Q U R E T
M I E E L J I S I C C U M O M F
T L Z L A C I P O R T N W C P J
I O O Z I O F D Q Q L D G E E V
C G R Q J A U R T I N O T L S E
E I A T A A L F D N J Q S L T N
J L L A O T G T T F S R I A A T
U A O E A R U A U E G U C E S U
B C P R K E R H R R G U C C E S
W P D I V H W P K R B L I R B C
A G H S N R P J X E B O T W U A
C N I X F W M N X H E U A H N E
E O S K O E D Z O C D Y T L R L
M A U R I S C W M F O E E Z U U
O D K T D R J U F V I Z C T E M
```

AERIS	CALIGO
FULGUR	POLAR
AURA	MAURIS
TONITRUA	TEMPESTAS
SICCITATE	TORTOR
ICE	TURBO
CAELUM	SICCUM
PROCELLAE	TROPICAL
CAELI	VENTUS
ETESIA	NUBES

100 - Chemie

```
S K Z R Y R E L D O A C I D U M
M Z F Y O E N N E T R O L O D O
M L L Z C A I O Z S C G J E O T
W D I X K C L R W Y M J A T P E
Q F A F V T A T M L M W N N Q J
L O W P P I K C P A M E C O I D
P I G M Y O L E U T J E M L O C
O B Q B A N A L R A E L C U N C
N H A U T E F E J C V H R C O A
D M V Y I M Y I O N H R B E K R
U K L T G D T O R T O R L L E B
S U I V E S T I B U L U M O N O
C A L O R R Z Q U U G O M M R F
C O N S E Q U A T S A L T I K J
C O N S E C T E T U E R T I Y O
Y U Z A K G B D U K H O V G V H
```

ALKALINE
CONSEQUAT
ELECTRON
ENZYME
LIQUID
VESTIBULUM
PONDUS
CALOR
ION
CATALYST

CARBO
MOLECULO
NUCLEAR
ORGANIC
REACTIONEM
SAL
DOLOR
ACIDUM
TORTOR
CONSECTETUER

1 - Gesundheit und Wellness #2

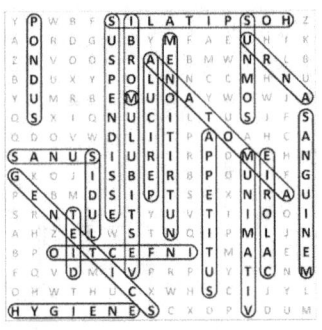

2 - Ozean

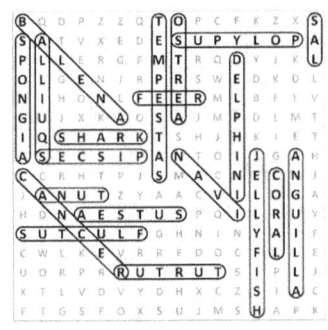

3 - Krankheit

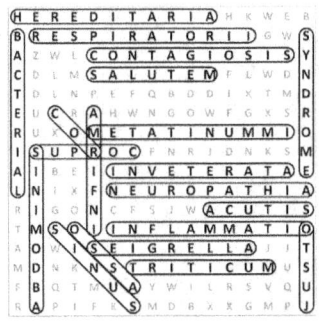

4 - Meditation

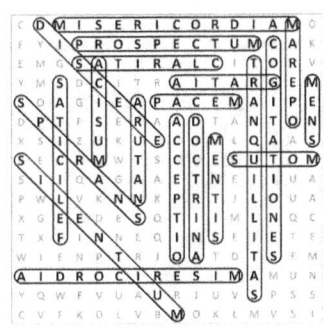

5 - Archäologie

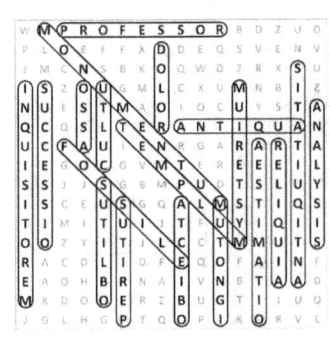

6 - Gesundheit und Wellness #1

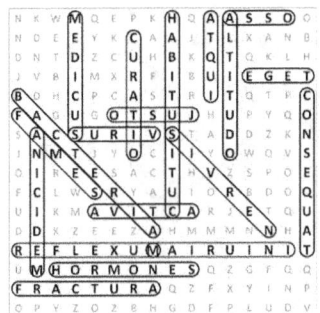

7 - Obst

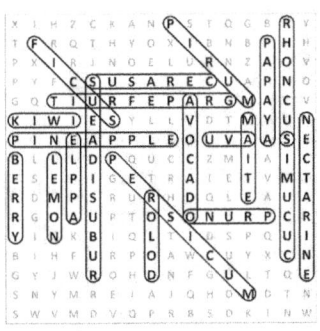

8 - Universum

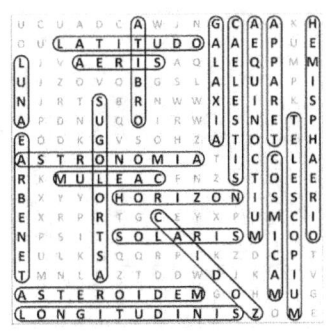

9 - Camping

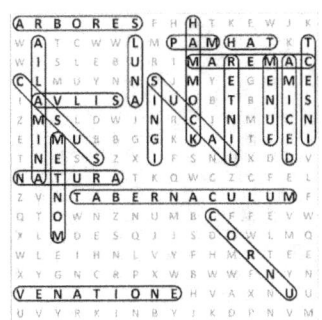

10 - Zeit

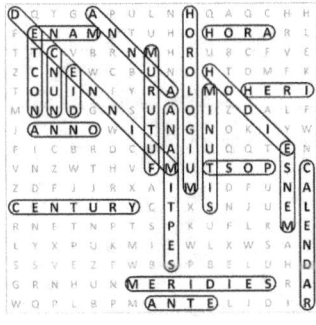

11 - Säugetiere

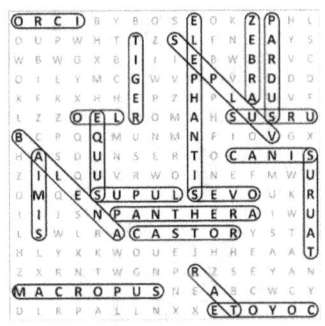

12 - Algebra

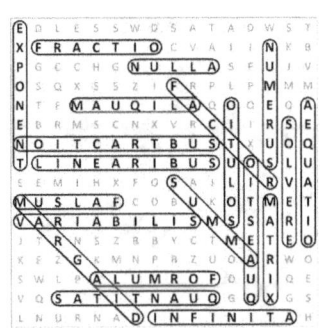

13 - Philanthropie

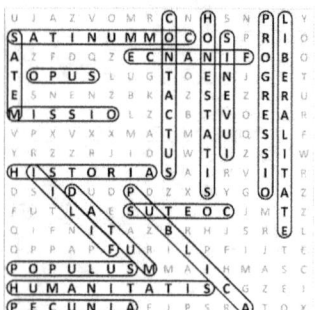

14 - Diplomatie

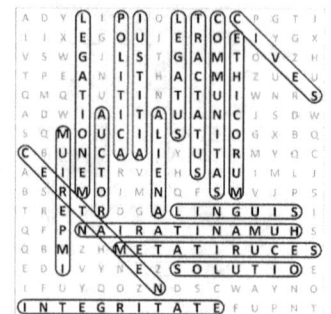

15 - Astronomie

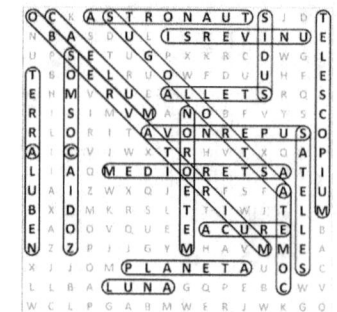

16 - Ballett

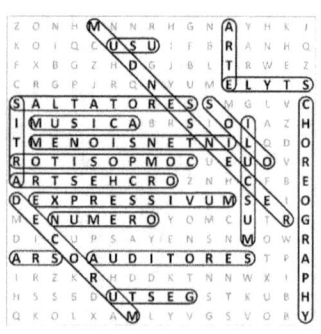

17 - Geologie

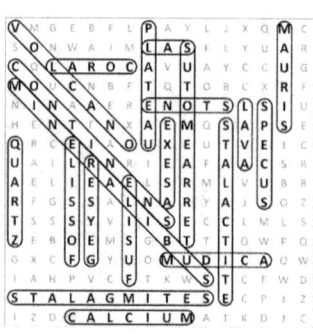

18 - Wissenschaft

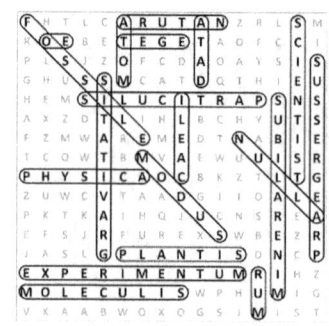

19 - Bildende Kunst

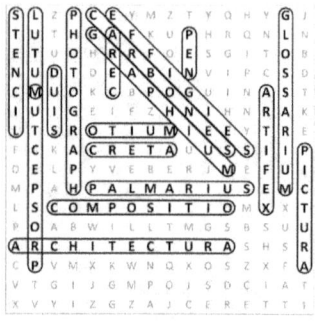

20 - Sport

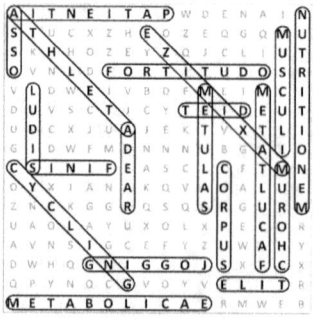

21 - Mythologie

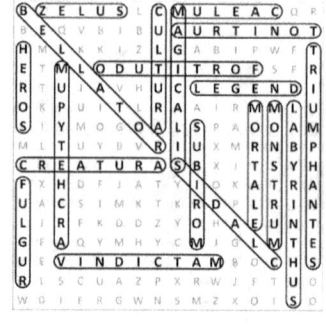

22 - Ökologie

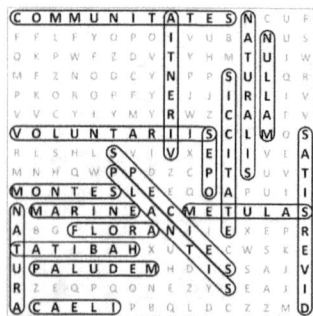

23 - Boote

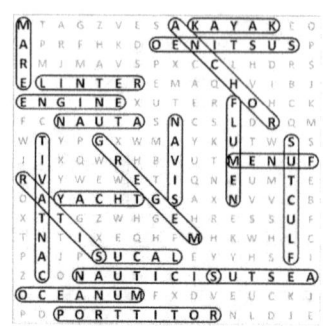

24 - Stadt

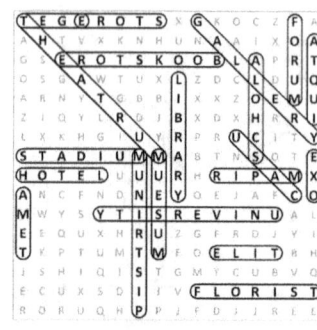

25 - Aktivitäten

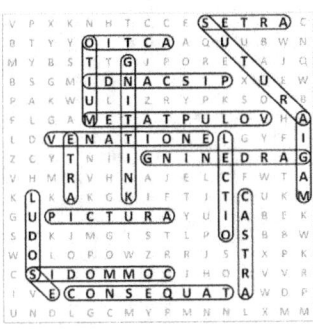

26 - Bienen

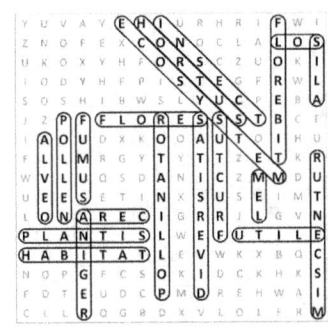

27 - Wissenschaftliche

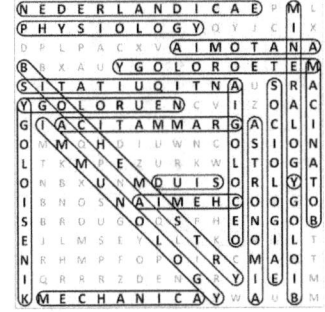

28 - Vögel

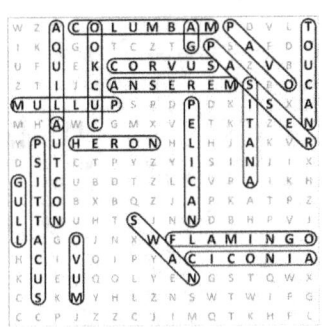

29 - Biologie

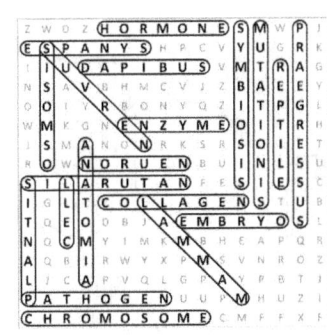

30 - Garten

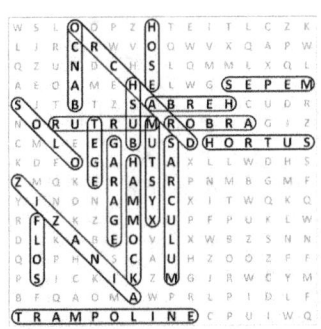

31 - Antarktis

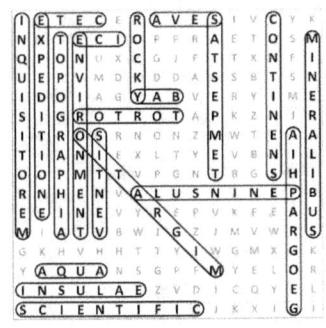

32 - Fahren

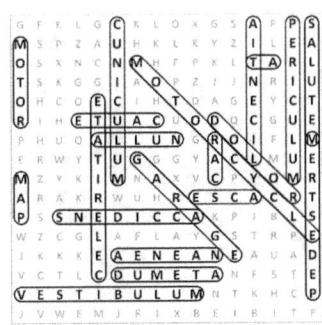

33 - Physik

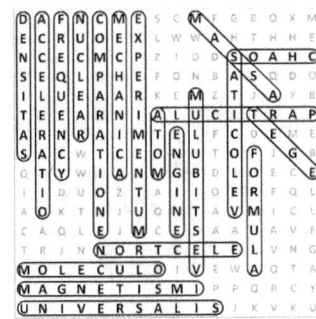

34 - Bücher

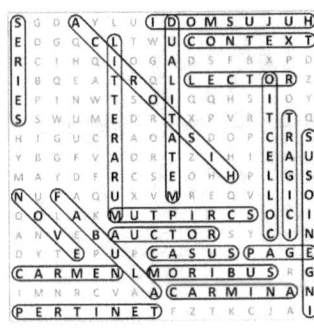

35 - Menschlicher Körper

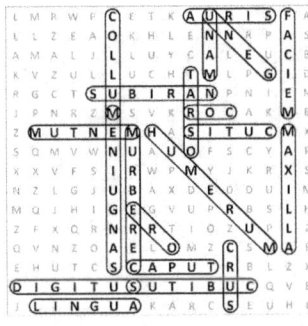

36 - Agronomie

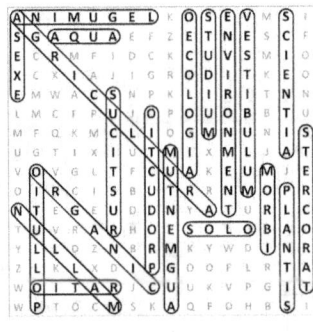

37 - Landschaften

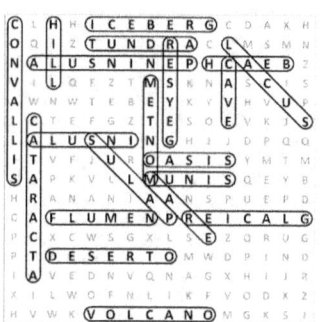

38 - Abenteuer

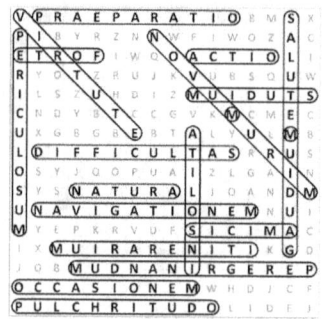

39 - Flugzeuge

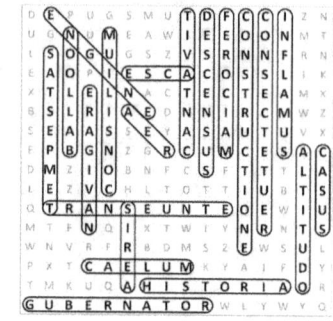

40 - Haartypen

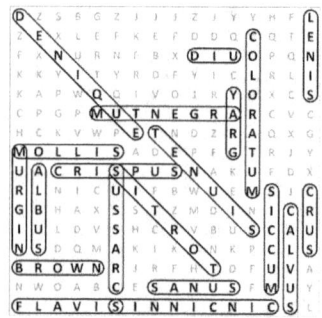

41 - Essen #1

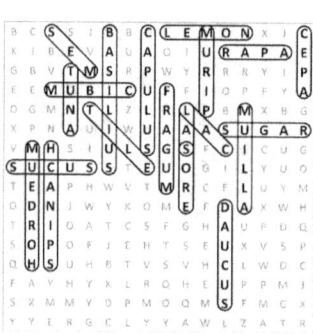

42 - Ethik

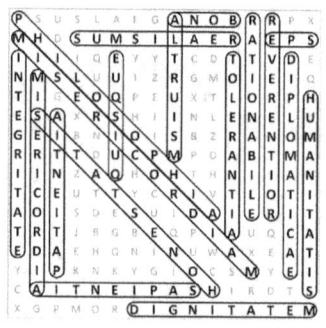

43 - Gebäude

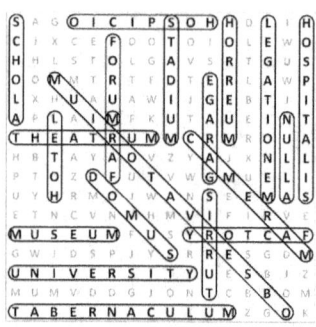

44 - Angeln

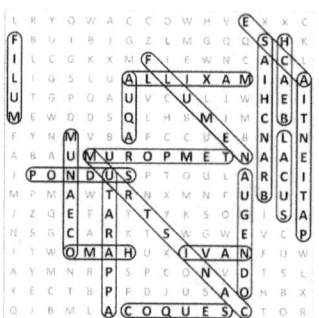

45 - Essen #2

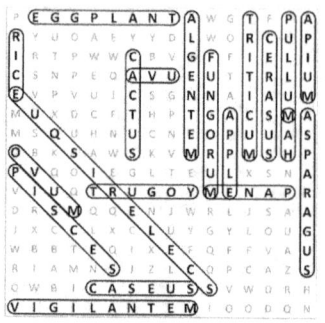

46 - Energie

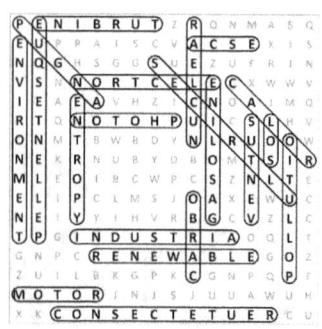

47 - Familie

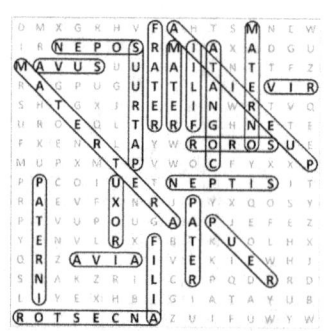

48 - Pflanzen

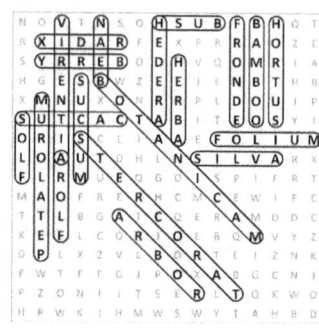

49 - Gewürze

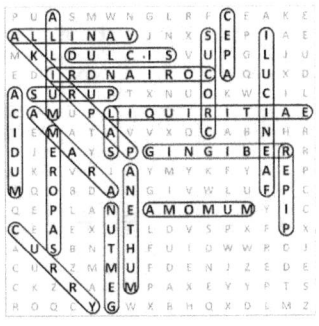

50 - Kreativität

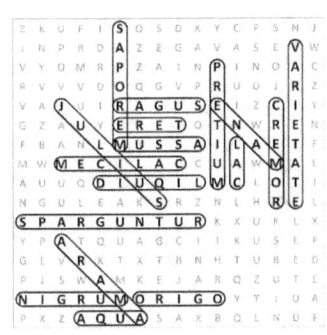

51 - Geschäft

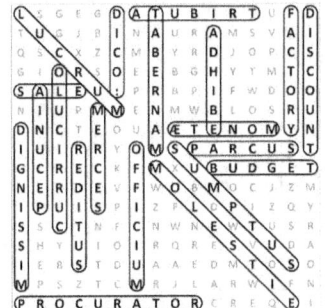

52 - Ingenieurwesen

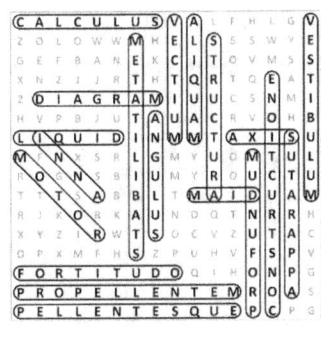

53 - Kaffee

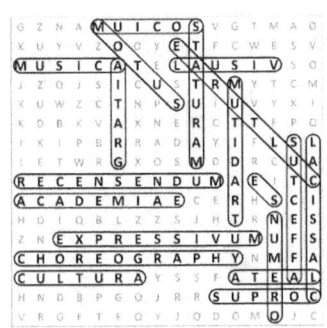

54 - Gemüse

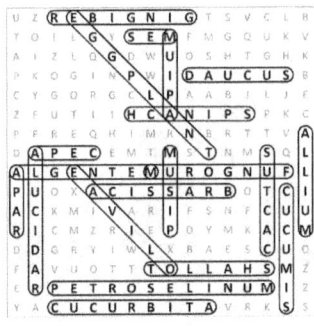

55 - Schönheit

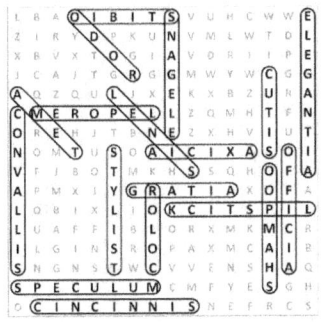

56 - Tanzen

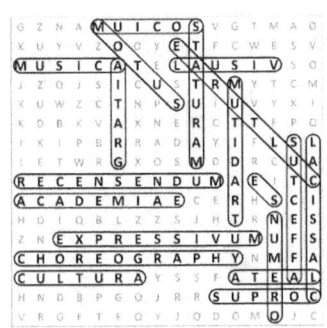

57 - Ernährung

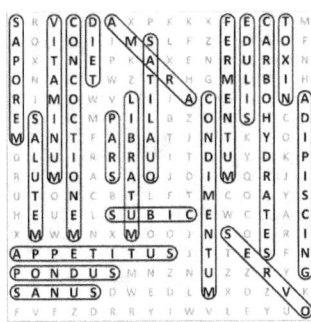

58 - Länder #1

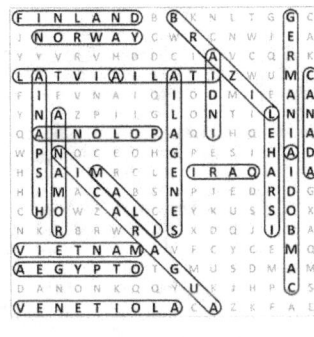

59 - Wasser

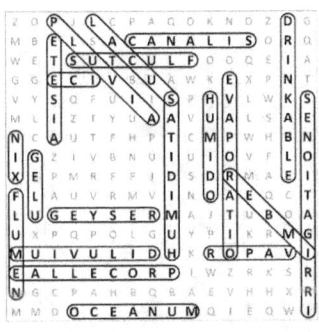

60 - Science Fiction

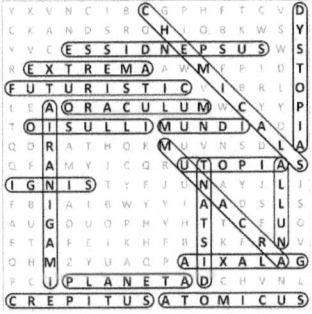

61 - Literatur

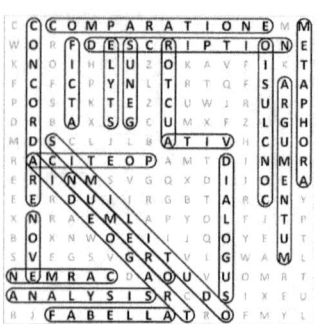

62 - Wandern

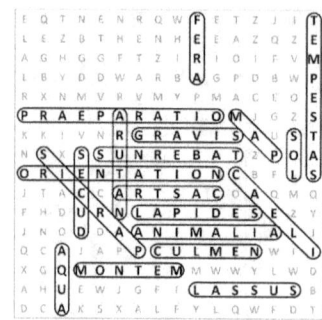

63 - Globale Erwärmung

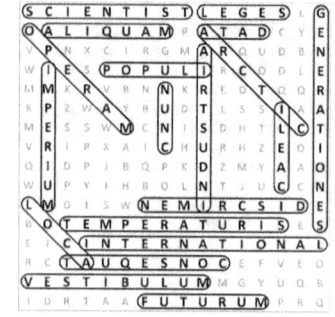

64 - Länder #2

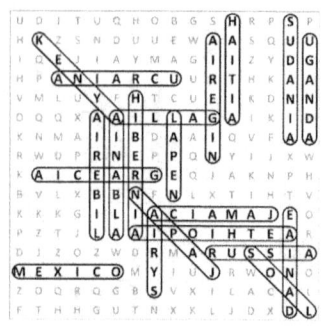

65 - Fahrzeuge

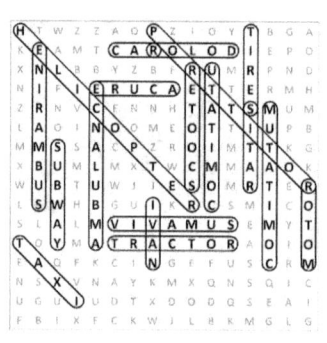

66 - Musikinstrumente

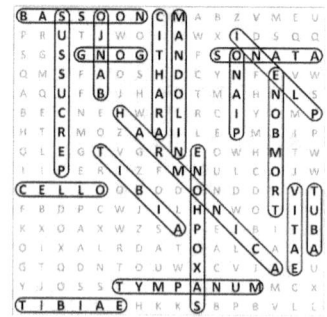

67 - Blumen

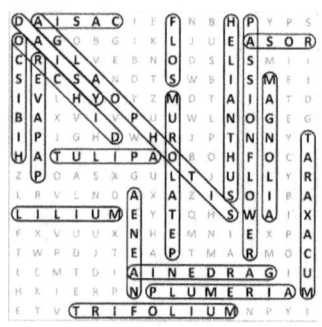

68 - Natur

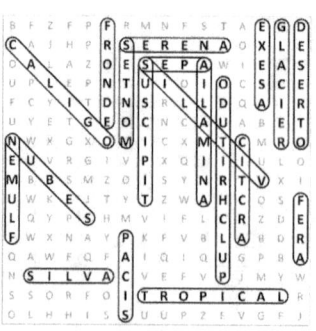

69 - Urlaub #2

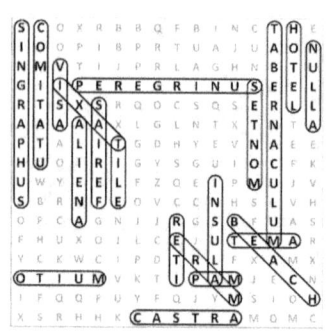

70 - Barbecues

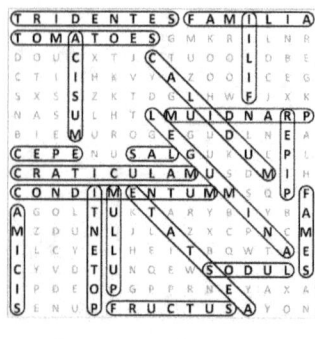

71 - Schach

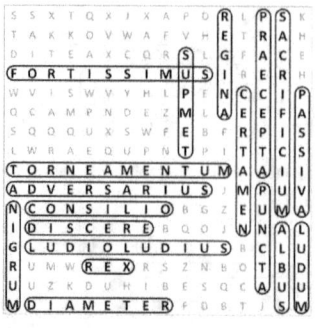

72 - Geographie

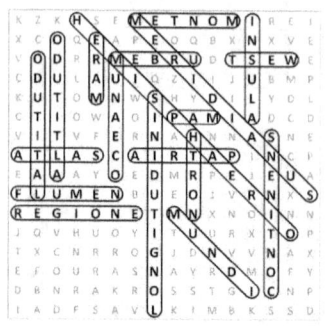

73 - Zahlen

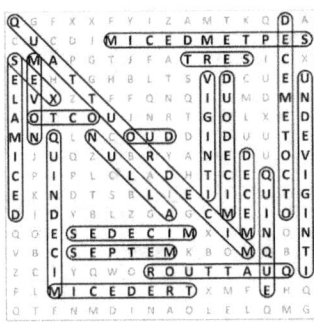

74 - Kunst Liefert

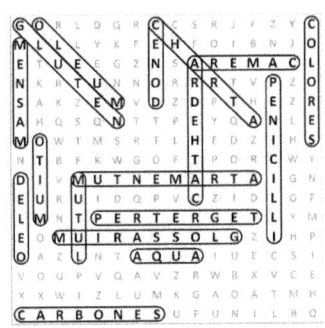

75 - Tage und Monate

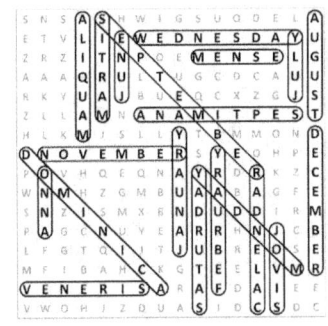

76 - Emotionen

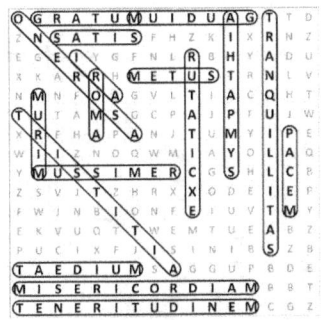

77 - Kräuterkunde

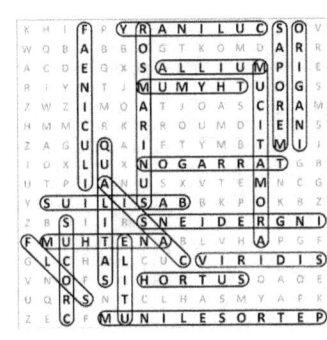

78 - Tugenden #1

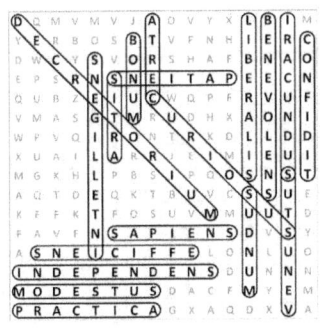

79 - Aktivitäten und Freizeit

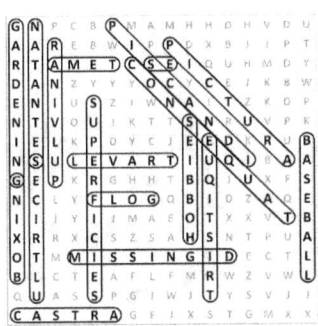

80 - Formen

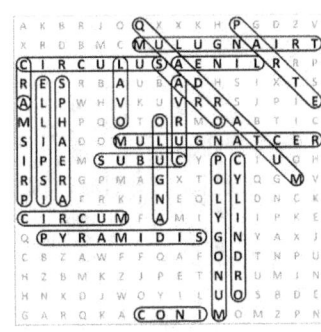

81 - Musik

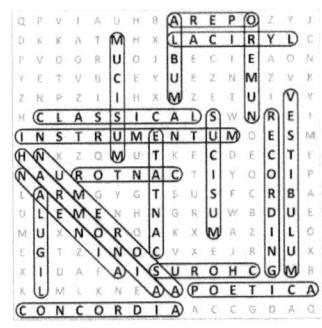

82 - Antiquitäten

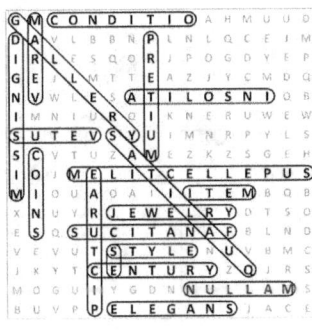

83 - Adjektive #2

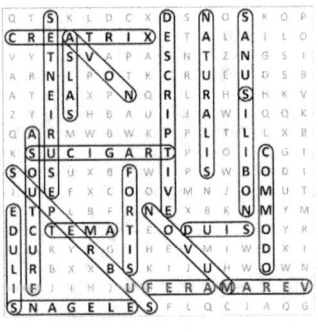

84 - Kleidung

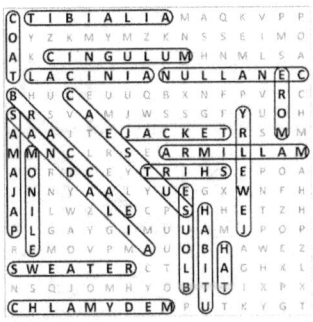

85 - Haus

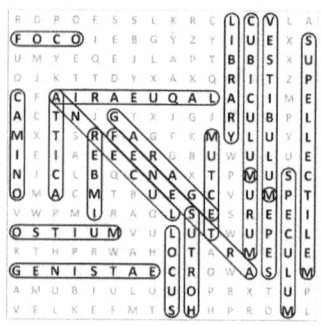

86 - Bauernhof #1

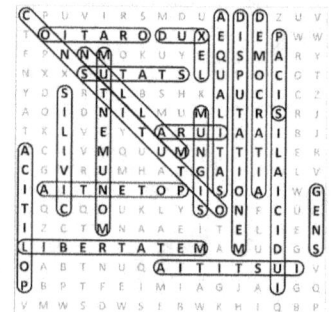

87 - Regierung

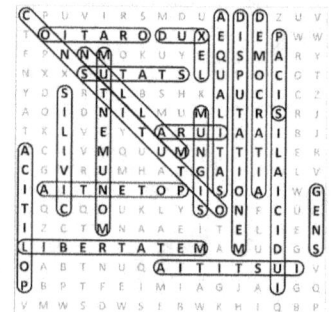

88 - Berufe #1

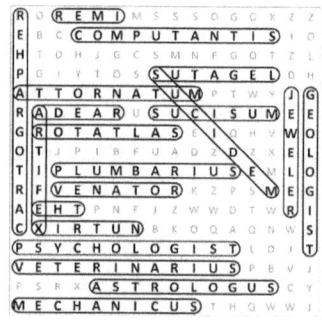

89 - Adjektive #1

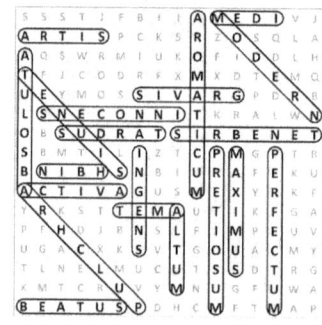

90 - Geometrie

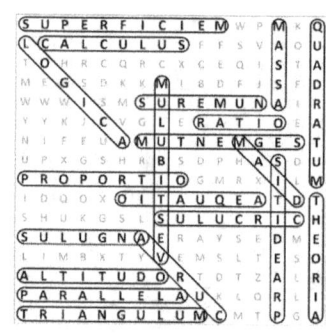

91 - Jazz

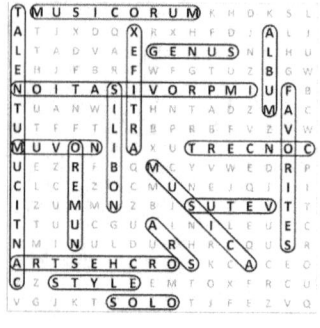

92 - Mathematik

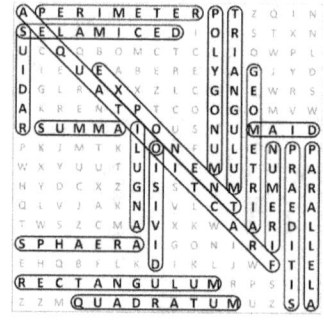

93 - Messungen

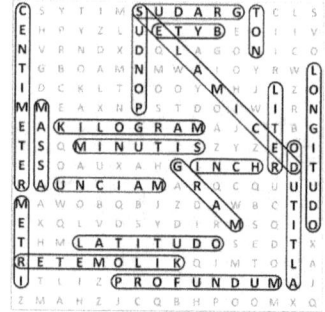

94 - Boxen

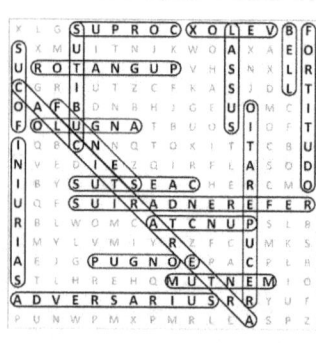

95 - Psychologie

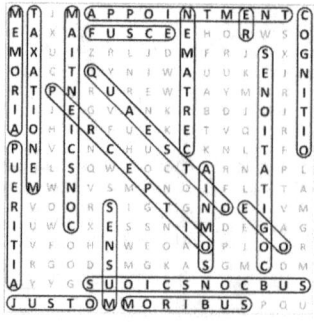

96 - Bauernhof #2

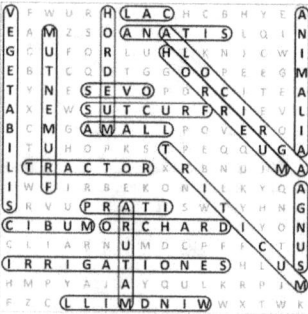

97 - Gartenarbeit

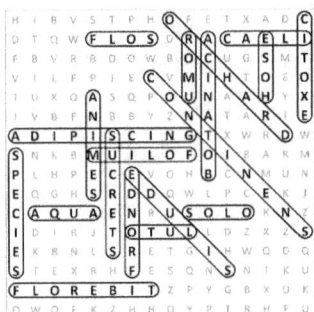

98 - Berufe #2

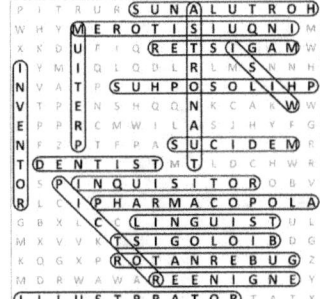

99 - Wetter

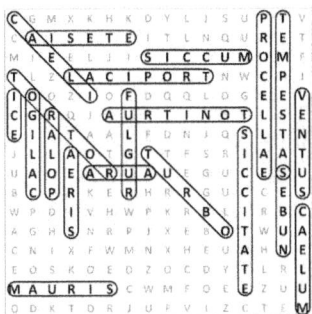

100 - Chemie

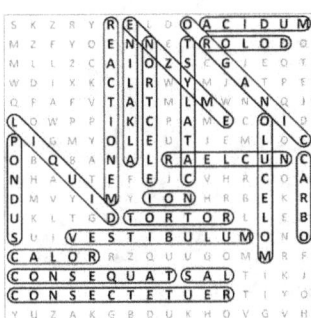

Wörterbuch

Abenteuer
Casus

Aktivität	Actio
Ausflug	Peregrinandum
Begeisterung	Studium
Chance	Forte
Freude	Gaudium
Freunde	Amicis
Gefährlich	Periculosum
Gelegenheit	Occasionem
Natur	Natura
Navigation	Navigationem
Neu	Novum
Route	Itinerarium
Schönheit	Pulchritudo
Schwierigkeit	Difficultas
Sicherheit	Salutem
Tapferkeit	Virtute
Ungewöhnlich	Insolita
Überraschend	Mirum
Vorbereitung	Praeparatio

Adjektive #1
Adiectiva #1

Absolut	Absoluta
Aktiv	Activa
Aromatisch	Aromaticum
Attraktiv	Nibh
Dunkel	Tenebris
Dünn	Tenuis
Ehrlich	Amet
Glücklich	Beatus
Identisch	Idem
Künstlerisch	Artis
Langsam	Tardus
Modern	Modern
Perfekt	Perfectum
Riesig	Ingens
Schön	Pulchra
Schwer	Gravis
Tief	Altum
Unschuldig	Innocens
Wertvoll	Pretiosum
Wichtig	Maximus

Adjektive #2
Adiectiva #2

Authentisch	Veram
Berühmt	Nobilis
Beschreibend	Descriptive
Dramatisch	Tragicus
Elegant	Elegans
Essbar	Edulis
Frisch	Nova
Gesund	Sanus
Hungrig	Esurientes
Interessant	Commodo
Kreativ	Creatrix
Natürlich	Naturalis
Neu	Novum
Normal	Duis
Produktiv	Fructuosa
Salzig	Salsa
Stark	Fortis
Stolz	Superbus
Verantwortlich	Amet
Wild	Fera

Agronomie
Agronomy

Boden	Solo
Dünger	Stercorat
Energie	Vestibulum
Erosion	Exesa
Gemüse	Legumina
Krankheit	Morbi
Landwirtschaft	Agricultura
Ländlich	Rusticus
Nachhaltig	Nullam
Organisch	Organic
Ökologie	Oecologia
Pflanzen	Plantis
Produktion	Productio
Studie	Studium
Systeme	Ratio
Umwelt	Environment
Verschmutzung	Pollutio
Wachstum	Augmentum
Wasser	Aqua
Wissenschaft	Scientia

Aktivitäten
Operationes

Aktivität	Actio
Angeln	Piscandi
Camping	Castra
Fähigkeit	Arte
Fotografie	Consequat
Freizeit	Otium
Gartenarbeit	Gardening
Gemälde	Pictura
Interessen	Commodis
Jagd	Venatione
Kunst	Es
Kunsthandwerk	Artes
Lesen	Lectio
Magie	Magia
Nähen	Sutura
Spiele	Ludos
Stricken	Knitting
Vergnügen	Voluptatem

Aktivitäten und Freizeit
Operationes et Otium

Angeln	Piscandi
Baseball	Baseball
Basketball	Ultrices
Boxen	Boxing
Camping	Castra
Entspannend	Amet
Fussball	Dignissim
Gartenarbeit	Gardening
Gemälde	Pictura
Golf	Golf
Hobbies	Hobbies
Kunst	Es
Reise	Travel
Schwimmen	Natantes
Surfen	Superficies
Tauchen	Consequat
Tennis	Tristique
Volleyball	Pulvinar

Algebra
Algebra

Bruchteil	Fractio
Diagramm	Diagram
Exponent	Exponent
Faktor	Factor
Falsch	Falsum
Formel	Formula
Gleichung	Aequatio
Linear	Linearibus
Lösen	Solvere
Lösung	Solutio
Matrix	Matrix
Menge	Quantitas
Null	Nulla
Nummer	Numerus
Problem	Quaestio
Subtraktion	Subtraction
Summe	Summa
Unendlich	Infinita
Variable	Variabilis
Vereinfachen	Aliquam

Angeln
Piscandi

Ausrüstung	Apparatu
Boot	Navi
Draht	Filum
Fluss	Flumen
Geduld	Patientia
Gewicht	Pondus
Haken	Hamo
Jahreszeit	Temporum
Kiefer	Maxilla
Kiemen	Branchias
Kochen	Coques
Korb	Canistrum
Köder	Esca
Ozean	Oceanum
See	Lacus
Strand	Beach
Übertreibung	Augendo
Wasser	Aqua

Antarktis
Antarctica

Bucht	Bay
Eis	Ice
Expedition	Expeditione
Felsig	Rocky
Forscher	Inquisitorem
Geographie	Geographia
Halbinsel	Peninsula
Inseln	Insulae
Kontinent	Continens
Migration	Migratio
Mineralien	Mineralibus
Temperatur	Tortor
Topographie	Topographia
Umwelt	Environment
Vögel	Aves
Wale	Cete
Wasser	Aqua
Wetter	Tempestas
Wind	Ventis
Wissenschaftlich	Scientific

Antiquitäten
Antiques

Alt	Vetus
Artikel	Item
Authentisch	Veram
Dekorativ	Nullam
Elegant	Elegans
Enthusiast	Fanaticus
Galerie	Gallery
Gemälde	Picturae
Investition	Dignissim
Jahrhundert	Century
Kunst	Es
Möbel	Supellectilem
Münzen	Coins
Preis	Pretium
Qualität	Qualitas
Schmuck	Jewelry
Stil	Style
Ungewöhnlich	Insolita
Zustand	Conditio

Archäologie
Antiquitatis

Analyse	Analysis
Antiquität	Antiquitatis
Auswertung	Aestimatio
Experte	Peritus
Forscher	Inquisitorem
Fossil	Fossile
Geheimnis	Mysterium
Grab	Monumentum
Knochen	Ossa
Mannschaft	Dolor
Nachkomme	Successio
Objekte	Obiecta
Professor	Professor
Relikt	Reliquia
Tempel	Templum
Unbekannt	Ignotum
Uralt	Antiqua
Vergessen	Oblitus
Zivilisation	Cultu

Astronomie
Astronomia

Asteroid	Asteroidem
Astronaut	Astronaut
Astronom	Astrologus
Erde	Terra
Himmel	Caelum
Komet	Cometa
Konstellation	Sidus
Kosmos	Cosmos
Meteor	Meteoron
Mond	Luna
Nebel	Nebula
Observatorium	Observatorium
Planet	Planeta
Rakete	Eruca
Satellit	Satelles
Stern	Stella
Supernova	Supernova
Teleskop	Telescopium
Tierkreis	Zodiac
Universum	Universi

Ballett
Talarium

Anmutig	Decorum
Ausdrucksvoll	Expressivum
Choreographie	Choreography
Fähigkeit	Arte
Geste	Gestu
Intensität	Intensionem
Komponist	Compositor
Künstlerisch	Artis
Musik	Musica
Muskel	Musculi
Orchester	Orchestra
Praxis	Usu
Probe	Recensendum
Publikum	Auditores
Rhythmus	Numero
Solo	Solo
Stil	Style
Tänzer	Saltatores
Technik	Ars

Barbecues
Barbecues

Abendessen	Prandium
Familie	Familia
Freunde	Amicis
Frucht	Fructus
Gabeln	Tridentes
Gemüse	Legumina
Grill	Craticulam
Heiss	Calidum
Huhn	Pullum
Hunger	Fames
Kinder	Filii
Musik	Musica
Pfeffer	Piper
Salate	Potenti
Salz	Sal
Sommer	Aestate
Sosse	Condimentum
Spiele	Ludos
Tomaten	Tomatoes
Zwiebeln	Cepe

Bauernhof #1
Farm #1

Biene	Apis
Boden	Solo
Dünger	Stercorat
Esel	Asinus
Feld	Agro
Heu	Hay
Honig	Mel
Huhn	Pullum
Hund	Canis
Kalb	Vitulum
Katze	Felis
Krähe	Corvus
Kuh	Bos
Land	Terra
Landwirtschaft	Agricultura
Pferd	Equus
Reis	Rice
Wasser	Aqua
Zaun	Sepem
Ziege	Hircum

Bauernhof #2
Farm #2

Bauer	Agricola
Bewässerung	Irrigationes
Ente	Anatis
Essen	Cibum
Frucht	Fructus
Gemüse	Vegetabilis
Gerste	Hordeum
Lama	Llama
Lamm	Agnus
Mais	Frumentum
Milch	Lac
Obstgarten	Orchard
Reif	Matura
Schaf	Oves
Scheune	Horreum
Tiere	Animalia
Traktor	Tractor
Weizen	Triticum
Wiese	Prati
Windmühle	Windmill

Berufe #1
Professionibus #1

Arzt	Medicus
Astronom	Astrologus
Bankier	Remi
Botschafter	Legatus
Buchhalter	Computantis
Geologe	Geologist
Jäger	Venator
Juwelier	Jeweler
Kartograph	Cartographer
Klempner	Plumbarius
Krankenschwester	Nutrix
Künstler	Artifex
Mechaniker	Mechanicus
Musiker	Musicus
Pianist	The
Psychologe	Psychologist
Rechtsanwalt	Attornatum
Tänzer	Saltator
Tierarzt	Veterinarius
Trainer	Raeda

Berufe #2
Professionibus #2

Arzt	Medicus
Astronaut	Astronaut
Biologe	Biologist
Chemiker	Pharmacopola
Detektiv	Inquisitor
Erfinder	Inventor
Ermittler	Investigator
Forscher	Inquisitorem
Fotograf	Pretium
Gärtner	Hortulanus
Illustrator	Illustrrator
Ingenieur	Engineer
Journalist	Wisi
Lehrer	Magister
Linguist	Linguist
Maler	Pictor
Philosoph	Philosophus
Pilot	Gubernator
Zahnarzt	Dentist
Zoologe	Zoologist

Bienen
Apes

Bestäuber	Pollinator
Bienenkorb	Alveo
Blumen	Flores
Blüte	Florebit
Flügel	Alis
Frucht	Fructus
Garten	Hortus
Honig	Mel
Insekt	Insect
Königin	Regina
Lebensraum	Habitat
Ökosystem	Ecosystem
Pflanzen	Plantis
Pollen	Pollen
Rauch	Fumus
Schwarm	Miscentur
Sonne	Sol
Vielfalt	Diversitas
Vorteilhaft	Utile
Wachs	Cera

Bildende Kunst
Artibus

Architektur	Architectura
Bleistift	Graphium
Film	Duis
Foto	Photograph
Gemälde	Pictura
Holzkohle	Carbones
Kreativität	Glossarium
Kreide	Creta
Künstler	Artifex
Meisterwerk	Palmarius
Perspektive	Prospectum
Porträt	Effigies
Schablone	Stencil
Staffelei	Otium
Stift	Pen
Ton	Lutum
Wachs	Cera
Zusammensetzung	Compositio

Biologie
Biology

Anatomie	Anatomia
Chromosom	Chromosome
Embryo	Embryo
Enzym	Enzyme
Erreger	Pathogen
Evolution	Praegressus
Hormon	Hormone
Kollagen	Collagen
Mutation	Mutationis
Natürlich	Naturalis
Nerv	Nervus
Neuron	Neuron
Osmose	Osmosis
Pflanzen	Plantis
Protein	Dapibus
Reptil	Reptile
Säugetier	Mammal
Symbiose	Symbiosis
Synapse	Synapse
Zelle	Cell

Blumen
Flores

Blütenblatt	Petalorum
Gardenie	Gardenia
Gänseblümchen	Daisy
Hibiskus	Hibisco
Jasmin	Aenean
Klee	Trifolium
Lavendel	Casia
Lilie	Lilium
Löwenzahn	Taraxacum
Magnolie	Magnolia
Mohn	Papaver
Orchidee	Orchid
Passionsblume	Passionflower
Pfingstrose	Aglaophotis
Plumeria	Plumeria
Rose	Rosa
Sonnenblume	Helianthus
Strauss	Flos
Tulpe	Tulipa

Boote
Navibus

Anker	Anchor
Boje	Sustineo
Crew	Cantavit
Dock	Gregem
Fähre	Porttitor
Floss	Ratis
Fluss	Flumen
Kajak	Kayak
Kanu	Linter
Meer	Mare
Motor	Engine
Nautisch	Nauticis
Ozean	Oceanum
See	Lacus
Seemann	Nauta
Segelboot	Navis
Seil	Funem
Tide	Aestus
Wellen	Fluctus
Yacht	Yacht

Boxen
Boxing

Ecke	Angulo
Ellbogen	Cubitus
Erschöpft	Lassus
Faust	Pugno
Fähigkeit	Arte
Fokus	Focus
Gegner	Adversarius
Glocke	Bell
Handschuhe	Caestus
Kämpfer	Pugnator
Kick	Calcitrare
Kinn	Mentum
Körper	Corpus
Punkte	Puncta
Recovery	Recuperatio
Schiedsrichter	Referendarius
Schnell	Velox
Seile	Funes
Stärke	Fortitudo
Verletzungen	Iniurias

Bücher
Books

Abenteuer	Casus
Autor	Auctor
Charakter	Moribus
Dualität	Dualitatem
Erfinderisch	Ingeniosus
Gedicht	Carmen
Geschichte	Fabula
Geschrieben	Scriptum
Historisch	Historica
Humorvoll	Hujusmodi
Kollektion	Collectio
Kontext	Context
Leser	Lector
Literarisch	Litterarum
Poesie	Carmina
Relevant	Pertinet
Roman	Nove
Seite	Page
Serie	Series
Tragisch	Tragici

Camping
Castra

Abenteuer	Casus
Bäume	Arbores
Berg	Montem
Feuer	Ignis
Hängematte	Hammock
Hut	Hat
Insekt	Insect
Jagd	Venatione
Kabine	Cameram
Kanu	Linter
Karte	Map
Kompass	Decima
Laterne	Cornu
Mond	Luna
Natur	Natura
See	Lacus
Seil	Funem
Tiere	Animalia
Wald	Silva
Zelt	Tabernaculum

Chemie
Chemia

Alkalisch	Alkaline
Chlor	Consequat
Elektron	Electron
Enzym	Enzyme
Flüssigkeit	Liquid
Gas	Vestibulum
Gewicht	Pondus
Hitze	Calor
Ion	Ion
Katalysator	Catalyst
Kohlenstoff	Carbo
Molekül	Moleculo
Nuklear	Nuclear
Organisch	Organic
Reaktion	Reactionem
Salz	Sal
Sauerstoff	Dolor
Säure	Acidum
Temperatur	Tortor
Wasserstoff	Consectetuer

Diplomatie
Condicionibus

Ausländisch	Aliena
Berater	Auctor
Botschaft	Legationem
Botschafter	Legatus
Bürger	Cives
Diplomatisch	Diplomaticae
Diskussion	Disputationem
Ethik	Ethicorum
Gemeinschaft	Communitas
Gerechtigkeit	Iustitia
Humanität	Humanitarian
Integrität	Integritate
Konflikt	Certamen
Lösung	Solutio
Politik	Politica
Regierung	Imperium
Sicherheit	Securitatem
Sprachen	Linguis
Vertrag	Tractatus
Zusammenarbeit	Cooperatio

Emotionen
Affectus

Angst	Metus
Aufgeregt	Excitatur
Beschämt	Onerosa
Dankbar	Gratum
Entspannt	Remissum
Freude	Gaudium
Freundlichkeit	Misericordiam
Frieden	Pacem
Langeweile	Taedium
Liebe	Amor
Ruhig	Tranquillitas
Sympathie	Sympathia
Traurigkeit	Tristitia
Überraschen	Mirum
Wut	Ira
Zärtlichkeit	Teneritudinem
Zufrieden	Satis

Energie
Vestibulum

Batterie	Pugna
Benzin	Gasoline
Brennstoff	Esca
Diesel	Pellentesque
Elektrisch	Ultrices
Elektron	Electron
Entropie	Entropy
Erneuerbar	Renewable
Hitze	Calor
Industrie	Industria
Kohlenstoff	Carbo
Motor	Motor
Nuklear	Nuclear
Photon	Photon
Sonne	Sol
Turbine	Turbine
Umwelt	Environment
Verschmutzung	Pollutio
Wasserstoff	Consectetuer
Wind	Ventus

Ernährung
Nutritionem

Appetit	Appetitus
Ausgewogen	Libratum
Bitter	Amara
Diät	Diet
Essbar	Edulis
Fermentation	Fermentum
Geschmack	Saporem
Gesund	Sanus
Gesundheit	Salutem
Gewicht	Pondus
Kalorien	Adipiscing
Kohlenhydrate	Carbohydrates
Nährstoff	Cibus
Portion	Pars
Proteine	Servo
Qualität	Qualitas
Sosse	Condimentum
Toxin	Toxin
Verdauung	Concoctionem
Vitamin	Vitaminum

Essen #1
Cibum #1

Basilikum	Basilius
Birne	Pirum
Erdbeere	Fragum
Erdnuss	Eros
Fleisch	Cibum
Gerste	Hordeum
Kaffee	Capulus
Karotte	Daucus
Knoblauch	Allium
Milch	Lac
Rübe	Rapa
Saft	Sucus
Salat	Sem
Salz	Sal
Spinat	Spinach
Suppe	Elit
Thunfisch	Tuna
Zitrone	Lemon
Zucker	Sugar
Zwiebel	Cepa

Essen #2
Cibum #2

Apfel	Apple
Artischocke	Cactus
Aubergine	Eggplant
Brokkoli	Algentem
Brot	Panem
Ei	Ovum
Fisch	Pisces
Huhn	Pullum
Joghurt	Yogurt
Käse	Caseus
Kirsche	Cerasus
Mandel	Vigilantem
Pilz	Fungorum
Reis	Rice
Schinken	Ham
Schokolade	Scelerisque
Sellerie	Apium
Spargel	Asparagus
Traube	Uva
Weizen	Triticum

Ethik
Ethicorum

Altruismus	Altruism
Diplomatisch	Diplomaticae
Ehrlichkeit	Honestatis
Freundlichkeit	Misericordiam
Geduld	Patientia
Individualismus	Quisque
Integrität	Integritate
Menschheit	Humanitatis
Mitgefühl	Misericordia
Optimismus	Spe
Philosophie	Philosophia
Realismus	Realismus
Respektvoll	Reverentior
Toleranz	Tolerantia
Vernünftig	Rationabile
Weisheit	Sapientia
Werte	Bona
Würde	Dignitatem
Zusammenarbeit	Cooperatio

Fahren
Pulsis

Auto	Car
Bremsen	Dumeta
Brennstoff	Esca
Fussgänger	Pedestrem
Garage	Garage
Gas	Vestibulum
Gefahr	Periculum
Geschwindigkeit	Celeritate
Karte	Map
Lizenz	Licentia
Lkw	Dolor
Motor	Motor
Motorrad	Motorcycle
Polizei	At
Sicherheit	Salutem
Transport	Nulla
Tunnel	Cuniculum
Unfall	Accidens
Verkehr	Aenean
Vorsicht	Caute

Fahrzeuge
Vehicula

Auto	Car
Boot	Navi
Fähre	Porttitor
Floss	Ratis
Flugzeug	Vivamus
Hubschrauber	Helicopter
Krankenwagen	Ambulance
Lkw	Dolor
Motor	Motor
Rakete	Eruca
Reifen	Tires
Roller	Scooter
Taxi	Taxi
Traktor	Tractor
U-Bahn	Subway
U-Boot	Submarine
Wohnwagen	Comitatum
Zug	Comitatu

Familie
Familia

Bruder	Frater
Ehefrau	Uxor
Ehemann	Vir
Grossmutter	Avia
Grossvater	Avus
Kind	Puer
Kinder	Filii
Kindheit	Pueritia
Mutter	Mater
Mütterlich	Materno
Neffe	Nepos
Nichte	Neptis
Onkel	Patruus
Schwester	Soror
Tante	Matertera
Tochter	Filia
Vater	Pater
Väterlich	Paterni
Vetter	Cognata
Vorfahr	Ancestor

Flugzeuge
Airplanes

Abenteuer	Casus
Abstieg	Descensus
Atmosphäre	Aeris
Aufblasen	Inflamus
Ballon	Balloon
Brennstoff	Esca
Crew	Cantavit
Design	Consilium
Geschichte	Historia
Himmel	Caelum
Höhe	Altitudo
Konstruktion	Constructione
Luft	Aer
Motor	Engine
Navigieren	Navigare
Passagier	Transeunte
Pilot	Gubernator
Turbulenz	Ferociam
Wasserstoff	Consectetuer
Wetter	Tempestas

Formen
Figuris

Bogen	Arc
Dreieck	Triangulum
Ecke	Angulo
Ellipse	Ellipsi
Kanten	Oras
Kegel	Coni
Kreis	Circulus
Kugel	Sphaera
Kurve	Curva
Linie	Linea
Oval	Oval
Polygon	Polygonum
Prisma	Prisma
Pyramide	Pyramidis
Quadrat	Quadratum
Rechteck	Rectangulum
Rund	Circum
Seite	Parte
Würfel	Cubus
Zylinder	Cylindro

Garten
Hortus

Bank	Banco
Baum	Arbor
Blume	Flos
Boden	Solo
Busch	Bush
Garage	Garage
Garten	Hortus
Gras	Herba
Hängematte	Hammock
Obstgarten	Orchard
Rechen	Sarculum
Schaufel	Rutrum
Schlauch	Hose
Teich	Eget
Terrasse	Xystum
Trampolin	Trampoline
Unkraut	Zizania
Zaun	Sepem

Gartenarbeit
Gardening

Art	Species
Blatt	Folium
Blüte	Florebit
Boden	Solo
Botanisch	Botanica
Container	Continens
Essbar	Edulis
Exotisch	Exotic
Feuchtigkeit	Umor
Klima	Caeli
Kompost	Stercus
Laub	Fronde
Obstgarten	Orchard
Saat	Semina
Saisonal	Adipiscing
Schlauch	Hose
Schmutz	Luto
Strauss	Flos
Wasser	Aqua

Gebäude
Aedificia

Bauernhof	Farm
Botschaft	Legationem
Fabrik	Factory
Garage	Garage
Haus	Domus
Herberge	Hospicio
Hotel	Hotel
Kabine	Cameram
Krankenhaus	Hospitalis
Labor	Nulla
Museum	Museum
Observatorium	Observatorium
Scheune	Horreum
Schule	Schola
Stadion	Stadium
Supermarkt	Forum
Theater	Theatrum
Turm	Turris
Universität	University
Zelt	Tabernaculum

Gemüse
Legumina

Artischocke	Cactus
Aubergine	Eggplant
Blumenkohl	Brassica
Brokkoli	Algentem
Erbse	Pisum
Gurke	Cucumis
Ingwer	Gingiber
Karotte	Daucus
Knoblauch	Allium
Kürbis	Cucurbita
Olive	Olivae
Petersilie	Petroselinum
Pilz	Fungorum
Rettich	Radicula
Rübe	Rapa
Salat	Sem
Schalotte	Shallot
Sellerie	Apium
Spinat	Spinach
Zwiebel	Cepa

Geographie
Geographia

Atlas	Atlas
Berg	Montem
Breite	Latitudo
Fluss	Flumen
Gebiet	Territorio
Hemisphäre	Hemisphaerio
Höhe	Altitudo
Insel	Insula
Karte	Map
Kontinent	Continens
Land	Patria
Längengrad	Longitudinis
Meer	Mare
Meridian	Meridianus
Norden	North
Ozean	Oceanum
Region	Regione
Stadt	Urbem
Welt	Mundi
West	West

Geologie
Nederlandicae

Erdbeben	Terraemotus
Erosion	Exesa
Fossil	Fossile
Geschmolzen	Fusile
Geysir	Geyser
Höhle	Specus
Kalzium	Calcium
Kontinent	Continens
Koralle	Coral
Lava	Lava
Mineralien	Mineralibus
Plateau	Plateau
Quarz	Quartz
Salz	Sal
Säure	Acidum
Stalagmiten	Stalagmites
Stalaktit	Stalactite
Stein	Stone
Vulkan	Volcano
Zone	Mauris

Geometrie
Geometria

Anteil	Proportio
Berechnung	Calculus
Dimension	Ratio
Dreieck	Triangulum
Durchmesser	Diam
Gleichung	Aequatio
Horizontal	Vestibulum
Höhe	Altitudo
Kreis	Circulus
Kurve	Curva
Logik	Logica
Masse	Massa
Nummer	Numerus
Oberfläche	Superficiem
Parallel	Parallela
Quadrat	Quadratum
Segment	Segmentum
Symmetrie	Praeditis
Theorie	Theoria
Winkel	Angulus

Geschäft
Negotium

Arbeitgeber	Dico:
Budget	Budget
Büro	Officium
Einkommen	Reditus
Fabrik	Factory
Geld	Pecunia
Geschäft	Tabernam
Gewinn	Lucrum
Investition	Dignissim
Karriere	Curriculo
Kosten	Sumptus
Manager	Procurator
Mitarbeiter	Molestie
Rabatt	Discount
Steuern	Tributa
Transaktion	Adhibe
Verkauf	Sale
Ware	Merces
Währung	Monetæ
Wirtschaft	Parcus

Gesundheit und Wellness #1
Salutem et Sanitatem #1

Aktiv	Activa
Apotheke	Atqui
Arzt	Medicus
Bakterien	Bacteria
Behandlung	Curatio
Entspannung	Consequat
Fraktur	Fractura
Gewohnheit	Habitus
Haut	Cutis
Hormone	Hormones
Höhe	Altitudo
Hunger	Fames
Klinik	Eget
Knochen	Ossa
Medizin	Medicina
Nerven	Nervis
Reflex	Reflexum
Therapie	Justo
Verletzung	Iniuriam
Virus	Virus

Gesundheit und Wellness #2
Salutem et Sanitatem #2

Allergie	Urna
Anatomie	Anatomia
Appetit	Appetitus
Blut	Sanguinem
Diät	Diet
Energie	Vestibulum
Ernährung	Nutritionem
Genetik	Genetics
Gesund	Sanus
Gewicht	Pondus
Hygiene	Hygiene
Infektion	Infectio
Kalorie	Calorie
Krankenhaus	Hospitalis
Krankheit	Morbi
Massage	Suspendisse
Risiken	Pericula
Schlafen	Somnus
Sport	Ludis
Vitamin	Vitaminum

Gewürze
Aromata

Anis	Anethum
Bitter	Amara
Chili	Purus
Curry	Curry
Fenchel	Faeniculi
Geschmack	Saporem
Ingwer	Gingiber
Kardamom	Amomum
Knoblauch	Allium
Koriander	Coriandri
Lakritze	Liquiritiae
Muskatnuss	Nutmeg
Paprika	Paprika
Pfeffer	Piper
Safran	Crocus
Salz	Sal
Sauer	Acidum
Süss	Dulcis
Vanille	Vanilla
Zwiebel	Cepa

Globale Erwärmung
Global Calefacientem

Arktis	Arctic
Aufmerksamkeit	Operam
Bevölkerung	Populi
Daten	Data
Energie	Vestibulum
Entwicklung	Consequat
Generationen	Generationes
Gesetzgebung	Leges
Industrie	Industria
International	International
Jetzt	Nunc
Klima	Caeli
Krise	Discrimen
Lebensraum	Loca
Regierung	Imperium
Temperaturen	Temperaturis
Umwelt	Aliquam
Wissenschaftler	Scientist
Zukunft	Futurum

Haartypen
Genera Capillos

Blond	Flavis
Braun	Brown
Dick	Crassus
Dünn	Tenuis
Farbig	Coloratum
Geflochten	Tortis
Gesund	Sanus
Glatt	Lenis
Glänzend	Crus
Grau	Gray
Kahl	Calvus
Kurz	Denique
Lang	Diu
Locken	Cincinnis
Lockig	Crispus
Schwarz	Nigrum
Silber	Argentum
Trocken	Siccum
Weich	Mollis
Weiss	Albus

Haus
Domus

Besen	Genistae
Bibliothek	Library
Dach	Tectum
Dachboden	Attica
Decke	Laquearia
Dusche	Imber
Fenster	Fenestra
Garage	Garage
Garten	Hortus
Kamin	Foco
Küche	Vestibulum
Lampe	Lucerna
Möbel	Supellectilem
Schlafzimmer	Cubiculum
Schornstein	Camino
Spiegel	Speculum
Tür	Ostium
Wand	Murum
Zaun	Sepem
Zimmer	Locus

Ingenieurwesen
Lorem Ipsum

Achse	Axis
Antrieb	Propellentem
Berechnung	Calculus
Diagramm	Diagram
Diesel	Pellentesque
Durchmesser	Diam
Energie	Vestibulum
Flüssigkeit	Liquid
Getriebe	Anni
Hebel	Vectium
Konstruktion	Constructione
Maschine	Apparatus
Messung	Aliquam
Motor	Motor
Stabilität	Stabilitatem
Stärke	Fortitudo
Struktur	Structura
Tiefe	Profundum
Verteilung	Distributio
Winkel	Angulus

Jazz
Jazz

Album	Album
Alt	Vetus
Berühmt	Nobilis
Favoriten	Favorites
Genre	Genus
Improvisation	Improvisation
Komponist	Compositor
Konzert	Concert
Künstler	Artifex
Lied	Canticum
Musik	Musica
Musiker	Musicorum
Neu	Novum
Orchester	Orchestra
Rhythmus	Numero
Solo	Solo
Stil	Style
Talent	Talentum
Technik	Ars
Zusammensetzung	Compositio

Kaffee
Capulus

Bitter	Amara
Creme	Cremor
Filter	Sparguntur
Flüssigkeit	Liquid
Geröstet	Assum
Geschmack	Saporem
Koffein	Julius
Mahlen	Tere
Milch	Lac
Morgen	Mane
Preis	Pretium
Schwarz	Nigrum
Tasse	Calicem
Ursprung	Origo
Vielfalt	Varietate
Wasser	Aqua
Zucker	Sugar

Kleidung
Vestimenta

Armband	Armillam
Bluse	Blouse
Gürtel	Cingulum
Halskette	Monile
Handschuhe	Caestus
Hemd	Shirt
Hose	Braccae
Hut	Hat
Jacke	Jacket
Kleid	Habitu
Mantel	Coat
Mode	More
Pullover	Sweater
Rock	Lacinia
Sandalen	Sandalia
Schal	Chlamydem
Schlafanzug	Pajamas
Schmuck	Jewelry
Schuh	Nulla Nec
Socken	Tibialia

Krankheit
Morbi

Abdominal	Abdominis
Akut	Acutis
Allergien	Allergies
Ansteckend	Contagiosis
Atemwege	Respiratorii
Bakteriell	Bacterial
Chronisch	Inveterata
Entzündung	Inflammatio
Erblich	Hereditaria
Genetisch	Triticum
Gesundheit	Salutem
Herz	Cor
Immunität	Immunitatem
Knochen	Ossa
Körper	Corpus
Neuropathie	Neuropathia
Schwach	Infirma
Sinus	Sinus
Syndrom	Syndrome
Therapie	Justo

Kräuterkunde
Herbalism

Aromatisch	Aromaticum
Basilikum	Basilius
Blume	Flos
Dill	Anethum
Estragon	Tarragon
Fenchel	Faeniculi
Garten	Hortus
Geschmack	Saporem
Grün	Viridis
Knoblauch	Allium
Kulinarisch	Culinary
Lavendel	Casia
Majoran	Origani
Petersilie	Petroselinum
Qualität	Qualitas
Rosmarin	Rosmarinus
Safran	Crocus
Thymian	Thymum
Vorteilhaft	Utile
Zutat	Ingrediens

Kreativität
Glossarium

Ausdruck	Expressio
Bild	Imago
Dramatisch	Tragicus
Eindruck	Impressionem
Erfinderisch	Ingeniosus
Fähigkeit	Arte
Flüssigkeit	Fluiditatem
Gefühle	Affectus
Inspiration	Inspiratio
Intensität	Intensionem
Intuition	Intuitum
Klarheit	Claritas
Künstlerisch	Artis
Phantasie	Imaginatio
Sensation	Sensum
Spontan	Spontanea
Visionen	Visiones
Vitalität	Vitale

Kunst Liefert
Artis Commeatibus

Acryl	Donec
Bleistifte	Penicilli
Bürsten	Perterget
Farben	Colores
Holzkohle	Carbones
Kamera	Camera
Kreativität	Glossarium
Leim	Gluten
Öl	Oleum
Papier	Charta
Radiergummi	Deleo
Staffelei	Otium
Stuhl	Cathedra
Tabelle	Mensam
Tinte	Atramentum
Ton	Lutum
Wasser	Aqua

Landschaften
Donec

Berg	Montem
Eisberg	Iceberg
Fluss	Flumen
Geysir	Geyser
Gletscher	Glacier
Golf	Sinum
Halbinsel	Peninsula
Höhle	Cave
Hügel	Hill
Insel	Insula
Meer	Mare
Oase	Oasis
See	Lacus
Strand	Beach
Sumpf	Palus
Tal	Convallis
Tundra	Tundra
Vulkan	Volcano
Wasserfall	Cataracta
Wüste	Deserto

Länder #1
Regionibus #1

Ägypten	Aegypto
Brasilien	Brazil
Deutschland	Germania
Finnland	Finland
Indien	India
Irak	Iraq
Israel	Israhel
Italien	Italia
Kambodscha	Cambodia
Kanada	Canada
Lettland	Latvia
Mali	Mali
Nicaragua	Nicaragua
Norwegen	Norway
Polen	Polonia
Rumänien	Romania
Senegal	Senegalia
Spanien	Hispania
Venezuela	Venetiola
Vietnam	Vietnam

Länder #2
Regionibus #2

Albanien	Albania
Äthiopien	Aethiopia
Dänemark	Daniae
Frankreich	Gallia
Griechenland	Graecia
Haiti	Haitia
Irland	Hibernia
Jamaika	Jamaica
Japan	Japan
Kenia	Kenya
Laos	Laos
Liberia	Liberia
Mexiko	Mexico
Nepal	Nepal
Nigeria	Nigeria
Russland	Russia
Sudan	Sudania
Syrien	Syria
Uganda	Uganda
Ukraine	Ucraina

Literatur
Litteris

Analogie	Similitudo
Analyse	Analysis
Anekdote	Fabella
Autor	Auctor
Beschreibung	Description
Biographie	Vita
Dialog	Dialogus
Fiktion	Ficta
Gedicht	Carmen
Genre	Genus
Metapher	Metaphora
Poetisch	Poetica
Reim	Concordare
Rhythmus	Numero
Roman	Nove
Schlussfolgerung	Conclusio
Stil	Style
Thema	Argumentum
Tragödie	Tragoedia
Vergleich	Comparatione

Mathematik
Math

Arithmetik	Arithmetica
Bruchteil	Fractio
Dezimal	Decimales
Division	Divisio
Dreieck	Triangulum
Durchmesser	Diam
Exponent	Exponent
Geometrie	Geometria
Gleichung	Aequatio
Kugel	Sphaera
Parallel	Parallela
Polygon	Polygonum
Quadrat	Quadratum
Radius	Radius
Rechteck	Rectangulum
Summe	Summa
Symmetrie	Praeditis
Umfang	Perimeter
Winkel	Anguli
Zahlen	Numeri

Meditation
Meditatio

Annahme	Acceptio
Atmung	Spirans
Aufmerksamkeit	Operam
Bewegung	Motus
Dankbarkeit	Gratia
Freundlichkeit	Misericordiam
Frieden	Pacem
Gedanken	Cogitationes
Geistig	Mentis
Glück	Felicitas
Klarheit	Claritas
Lehre	Doctrina
Lernen	Discere
Mitgefühl	Misericordia
Musik	Musica
Natur	Natura
Perspektive	Prospectum
Ruhig	Tranquillitas
Stille	Silentium
Verstand	Mens

Menschlicher Körper
Corpus Humanum

Bein	Crus
Blut	Sanguinem
Ellbogen	Cubitus
Finger	Digitus
Gehirn	Cerebrum
Gesicht	Faciem
Hals	Collum
Hand	Manu
Haut	Cutis
Herz	Cor
Kiefer	Maxilla
Kinn	Mentum
Knie	Genu
Knöchel	Tarso
Kopf	Caput
Mund	Ore
Nase	Naribus
Ohr	Auris
Schulter	Humerum
Zunge	Lingua

Messungen
Mensurae

Breite	Latitudo
Byte	Byte
Dezimal	Decimales
Gewicht	Pondus
Grad	Gradus
Gramm	Gram
Höhe	Altitudo
Kilogramm	Kilogram
Kilometer	Kilometer
Länge	Longitudo
Liter	Liter
Masse	Massa
Meter	Metri
Minute	Minutis
Tiefe	Profundum
Tonne	Ton
Unze	Unciam
Zentimeter	Centimeter
Zoll	Inch

Musik
Musica

Album	Album
Aufnahme	Recording
Ballade	Naenia
Chor	Chorus
Harmonie	Concordia
Harmonisch	Harmonia
Improvisieren	Vestibulum
Instrument	Instrumentum
Klassisch	Classical
Lyrisch	Lyrical
Melodie	Cantate
Mikrofon	Ligula
Musical	Musicum
Musiker	Musicus
Oper	Opera
Poetisch	Poetica
Rhythmisch	Numerosa
Rhythmus	Numero
Sänger	Cantor

Musikinstrumente
Organis

Banjo	Banjo
Cello	Cello
Fagott	Bassoon
Flöte	Tibia
Geige	Vitae
Gitarre	Cithara
Glockenspiel	Pleni
Gong	Gong
Klarinette	Tibiae
Klavier	Piano
Mandoline	Mandolin
Mundharmonika	Harmonica
Oboe	Sonata
Posaune	Trombone
Saxophon	Saxophone
Schlagzeug	Percussus
Tamburin	Tympanum
Trompete	Tuba

Mythologie
Fabularis

Archetyp	Archetypum
Blitz	Fulgur
Donner	Tonitrua
Eifersucht	Zelus
Held	Heros
Himmel	Caelum
Katastrophe	Cladis
Kreatur	Creatura
Krieger	Bellator
Kultur	Cultura
Labyrinth	Labyrinthus
Legende	Legend
Magisch	Magicalis
Monster	Monstrum
Rache	Vindictam
Stärke	Fortitudo
Sterblich	Mortale
Triumphierend	Triumphantes
Verhalten	Moribus

Natur
Natura

Arktis	Arctic
Berge	Montes
Bienen	Apes
Dynamisch	Suscipit
Erosion	Exesa
Fluss	Flumen
Friedlich	Pacis
Gletscher	Glacier
Heiligtum	Sanctuarium
Heiter	Serena
Laub	Fronde
Lebenswichtig	Vitalis
Nebel	Caligo
Schönheit	Pulchritudo
Tiere	Animalia
Tropisch	Tropical
Wald	Silva
Wild	Fera
Wolken	Nubes
Wüste	Deserto

Obst
Fructus

Ananas	Pineapple
Apfel	Apple
Avocado	Avocado
Beere	Berry
Birne	Pirum
Brombeere	Etiam
Feige	Ficus
Grapefruit	Grapefruit
Himbeere	Rubus Idaeus
Kirsche	Cerasus
Kiwi	Kiwi
Kokosnuss	Dolor
Melone	Cucumis
Nektarine	Nectarine
Orange	Rhoncus
Papaya	Papaya
Pfirsich	Persicum
Pflaume	Pruno
Traube	Uva
Zitrone	Lemon

Ozean
Oceanum

Aal	Anguilla
Auster	Ostrea
Boot	Navi
Delfin	Delphini
Fisch	Pisces
Garnele	Squilla
Gezeiten	Aestus
Hai	Shark
Koralle	Coral
Krabbe	Cancer
Krake	Polypus
Qualle	Jellyfish
Riff	Reef
Salz	Sal
Schildkröte	Turtur
Schwamm	Spongia
Sturm	Tempestas
Thunfisch	Tuna
Wal	Balena
Wellen	Fluctus

Ökologie
Oecologia

Art	Species
Berge	Montes
Dürre	Siccitate
Flora	Flora
Freiwillige	Voluntariis
Gemeinschaft	Communitates
Klima	Caeli
Lebensraum	Habitat
Marine	Marine
Nachhaltig	Nullam
Natur	Natura
Natürlich	Naturalis
Pflanzen	Plantis
Ressourcen	Opes
Sumpf	Paludem
Überleben	Salutem
Vegetation	Virentia
Vielfalt	Diversitas

Pflanzen
Plantis

Bambus	Bamboo
Baum	Arbor
Beere	Berry
Blatt	Folium
Blume	Flos
Blütenblatt	Petalorum
Bohne	Bean
Botanik	Botanicam
Busch	Bush
Dünger	Stercorat
Efeu	Hedera
Flora	Flora
Garten	Hortus
Gras	Herba
Kaktus	Cactus
Laub	Fronde
Moos	Muscus
Vegetation	Virentia
Wald	Silva
Wurzel	Radix

Philanthropie
Benignitas

Brauchen	Opus
Ehrlichkeit	Honestatis
Finanzieren	Finance
Gemeinschaft	Communitas
Geschichte	Historia
Grosszügigkeit	Liberalitate
Gruppen	Coetus
Jugend	Iuvenis
Kinder	Filii
Kontakte	Contactus
Menschen	Populus
Menschheit	Humanitatis
Mission	Missio
Mittel	Pecunia
Öffentlich	Publica
Programme	Progressio
Spenden	Datum
Ziele	Metas

Physik
Physica

Atom	Atom
Beschleunigung	Acceleratio
Chaos	Chaos
Chemisch	Eget
Dichte	Densitas
Elektron	Electron
Experiment	Experimentum
Formel	Formula
Frequenz	Frequency
Gas	Vestibulum
Geschwindigkeit	Velocitas
Magnetismus	Magnetismi
Masse	Massa
Mechanik	Mechanica
Molekül	Moleculo
Motor	Engine
Nuklear	Nuclear
Partikel	Particula
Relativität	Comparatione
Universal	Universalis

Psychologie
Duis

Bewertung	Taxationem
Bewusstlos	Conscientiam
Ego	Ego
Erinnerungen	Memoria
Gedanken	Cogitationes
Kindheit	Pueritia
Klinisch	Fusce
Kognition	Cognitio
Konflikt	Certamen
Problem	Quaestio
Sensation	Sensum
Termin	Appointment
Therapie	Justo
Träume	Somnia
Unterbewusstsein	Subconscious
Verhalten	Moribus
Wahrnehmung	Perceptio
Wirklichkeit	Re

Regierung
Imperium

Bezirk	Nullam
Demokratie	Democratia
Denkmal	Monumentum
Diskussion	Disputationem
Freiheit	Libertatem
Friedlich	Pacis
Führer	Dux
Gerechtigkeit	Iustitia
Gesetz	Lex
Gleichheit	Aequalitas
Justiziell	Iudicialis
Macht	Potentia
Nation	Gens
Politik	Politica
Rechte	Iura
Rede	Oratio
Staat	Status
Symbol	Signum
Verfassung	Constitutio
Zivil	Civilis

Säugetiere
Nullam

Affe	Simia
Bär	Ursus
Biber	Castor
Elefant	Elephantis
Fuchs	Vulpes
Giraffe	Panthera
Gorilla	Orci
Hund	Canis
Känguru	Macropus
Kojote	Coyote
Löwe	Leo
Panther	Pardus
Pferd	Equus
Ratte	Rat
Schaf	Oves
Stier	Taurus
Tiger	Tiger
Wal	Balena
Wolf	Lupus
Zebra	Zebra

Schach
Latrunculorum

Champion	Fortissimus
Diagonal	Diameter
Gegner	Adversarius
König	Rex
Königin	Regina
Lernen	Discere
Opfer	Sacrificium
Passiv	Passiva
Punkte	Puncta
Regeln	Praecepta
Schwarz	Nigrum
Spiel	Ludum
Spieler	Ludio Ludius
Strategie	Consilio
Turnier	Torneamentum
Weiss	Albus
Wettbewerb	Certamen
Zeit	Tempus

Schönheit
Pulchritudo

Anmut	Gratia
Charme	Leporem
Dienstleistungen	Officia
Duft	Odor
Elegant	Elegans
Eleganz	Elegantia
Farbe	Color
Fotogen	Amet
Glatt	Lenis
Haut	Cutis
Kosmetik	Stibio
Lippenstift	Lipstick
Locken	Cincinnis
Schere	Axicia
Shampoo	Shampoo
Spiegel	Speculum
Stylist	Stylist
Wimperntusche	Convallis

Science Fiction
Scientia Ficta

Atomic	Atomicus
Chemikalien	Chemicals
Dystopie	Dystopia
Explosion	Crepitus
Extrem	Extrema
Fantastisch	Suspendisse
Fern	Distant
Feuer	Ignis
Futuristisch	Futuristic
Galaxie	Galaxia
Geheimnisvoll	Arcanum
Illusion	Illusio
Imaginär	Imaginaria
Orakel	Oraculum
Planet	Planeta
Romane	Conscripserit
Technologie	Nulla
Utopie	Utopia
Welt	Mundi

Sport
Sport

Athlet	Athleta
Ausdauer	Patientia
Diät	Diet
Ernährung	Nutritionem
Fähigkeit	Facultatem
Gesundheit	Salutem
Joggen	Jogging
Knochen	Ossa
Körper	Corpus
Maximieren	Maximize
Metabolisch	Metabolicae
Muskel	Musculi
Programm	Elit
Radfahren	Cycling
Sport	Ludis
Stärke	Fortitudo
Tanzen	Chorum
Trainer	Raeda
Ziel	Finis

Stadt
Oppidum

Apotheke	Atqui
Bank	Ripam
Bäckerei	Pistrinum
Bibliothek	Library
Blumenhändler	Florist
Buchhandlung	Bookstore
Café	Casu
Flughafen	Elit
Galerie	Gallery
Geschäft	Store
Hotel	Hotel
Klinik	Eget
Museum	Museum
Restaurant	Amet
Schule	Schola
Stadion	Stadium
Supermarkt	Forum
Theater	Theatrum
Universität	University
Zoo	Exo

Tage und Monate
Diebus et Mensibus

August	August
Dezember	December
Dienstag	Martis
Donnerstag	Jovis
Februar	February
Freitag	Veneris
Jahr	Anno
Januar	January
Juli	July
Juni	June
Kalender	Calendar
Mittwoch	Wednesday
Monat	Mense
Montag	Monday
November	November
Oktober	Aliquam
Samstag	Saturday
September	September
Sonntag	Dominica
Woche	Septimana

Tanzen
Chorus

Akademie	Academiae
Anmut	Gratia
Ausdrucksvoll	Expressivum
Bewegung	Motus
Choreographie	Choreography
Emotion	Affectus
Freudig	Laeta
Haltung	Staturam
Klassisch	Classical
Körper	Corpus
Kultur	Cultura
Kulturell	Culturae
Kunst	Es
Musik	Musica
Partner	Socium
Probe	Recensendum
Rhythmus	Numero
Traditionell	Traditum
Visuell	Visual

Tugenden #1
Virtutes #1

Bescheiden	Modestus
Charmant	Venustus
Effizient	Efficiens
Entscheidend	Decretorium
Geduldig	Patiens
Grosszügig	Liberalis
Gut	Bonum
Hilfreich	Benevolens
Intelligent	Intelligens
Künstlerisch	Artis
Leidenschaftlich	Iracundus
Neugierig	Curiosus
Praktisch	Practica
Sauber	Mundus
Unabhängig	Independens
Weise	Sapiens
Zuverlässig	Certa
Zuversichtlich	Confidit

Universum
Universi

Asteroid	Asteroidem
Astronom	Astrologus
Astronomie	Astronomia
Atmosphäre	Aeris
Breite	Latitudo
Dunkelheit	Tenebrae
Galaxie	Galaxia
Hemisphäre	Hemisphaerio
Himmel	Caelum
Himmlisch	Caelestis
Horizont	Horizon
Kosmisch	Cosmicam
Längengrad	Longitudinis
Mond	Luna
Orbit	Orbita
Sichtbar	Apparet
Solar	Solaris
Sonnenwende	Aequinoctium
Teleskop	Telescopium
Tierkreis	Zodiac

Urlaub #2
Vacation #2

Ausländer	Peregrinus
Ausländisch	Aliena
Berge	Montes
Camping	Castra
Flughafen	Elit
Freizeit	Otium
Hotel	Hotel
Insel	Insula
Karte	Map
Meer	Mare
Pass	Singraphus
Reise	Iter
Restaurant	Amet
Strand	Beach
Taxi	Taxi
Transport	Nulla
Urlaub	Ferias
Visum	Visa
Zelt	Tabernaculum
Zug	Comitatu

Vögel
Aves

Adler	Aquila
Ei	Ovum
Ente	Anatis
Eule	Noctua
Flamingo	Flamingo
Gans	Anserem
Huhn	Pullum
Kanarienvogel	Ga
Krähe	Corvus
Kuckuck	Cuckoo
Möwe	Gull
Papagei	Psittacus
Pelikan	Pelican
Pfau	Pavo
Reiher	Heron
Schwan	Swan
Spatz	Passer
Storch	Ciconia
Taube	Columbam
Toucan	Toucan

Wandern
Hiking

Berg	Montem
Camping	Castra
Führer	Duces
Gipfel	Culmen
Karte	Map
Klima	Caeli
Müde	Lassus
Natur	Natura
Orientierung	Orientation
Parks	Parcis
Schwer	Gravis
Sonne	Sol
Steine	Lapides
Stiefel	Tabernus
Tiere	Animalia
Vorbereitung	Praeparatio
Wasser	Aqua
Wetter	Tempestas
Wild	Fera

Wasser
Aqua

Bewässerung	Irrigationes
Dampf	Vapor
Dusche	Imber
Eis	Ice
Feucht	Humido
Feuchtigkeit	Humiditas
Fluss	Flumen
Flut	Diluvium
Frost	Gelu
Geysir	Geyser
Hurrikan	Procellae
Kanal	Canalis
Monsun	Etesia
Ozean	Oceanum
Regen	Pluvia
Schnee	Nix
See	Lacus
Trinkbar	Drinkable
Verdunstung	Evaporatio
Wellen	Fluctus

Wetter
Tempestas

Atmosphäre	Aeris
Blitz	Fulgur
Brise	Aura
Donner	Tonitrua
Dürre	Siccitate
Eis	Ice
Himmel	Caelum
Hurrikan	Procellae
Klima	Caeli
Monsun	Etesia
Nebel	Caligo
Polar	Polar
Regenbogen	Mauris
Sturm	Tempestas
Temperatur	Tortor
Tornado	Turbo
Trocken	Siccum
Tropisch	Tropical
Wind	Ventus
Wolke	Nubes

Wissenschaft
Scientia

Atom	Atom
Chemisch	Eget
Daten	Data
Evolution	Praegressus
Experiment	Experimentum
Fossil	Fossile
Hypothese	Rum
Klima	Caeli
Labor	Nulla
Methode	Modus
Mineralien	Mineralibus
Moleküle	Moleculis
Natur	Natura
Partikel	Particulis
Pflanzen	Plantis
Physik	Physica
Schwerkraft	Gravitatis
Tatsache	Eo
Wissenschaftler	Scientist

Wissenschaftliche Disziplinen
Scientifica Disciplinis

Anatomie	Anatomia
Archäologie	Antiquitatis
Astronomie	Astronomia
Biochemie	Biochemistry
Biologie	Biology
Botanik	Botanicam
Chemie	Chemia
Geologie	Nederlandicae
Immunologie	Immunology
Kinesiologie	Kinesiology
Linguistik	Grammatica
Mechanik	Mechanica
Meteorologie	Meteorology
Mineralogie	Mineralogy
Neurologie	Neurology
Ökologie	Oecologia
Physiologie	Physiology
Psychologie	Duis
Soziologie	Sociologiae
Zoologie	Zoologicam

Zahlen
Numeri

Acht	Octo
Achtzehn	Decem et Octo
Dezimal	Decimales
Drei	Tres
Dreizehn	Tredecim
Fünf	Quinque
Fünfzehn	Quindecim
Neun	Novem
Neunzehn	Undeviginti
Null	Nulla
Sechs	Sex
Sechzehn	Sedecim
Sieben	Septem
Siebzehn	Septemdecim
Vier	Quattuor
Vierzehn	Quattuordecim
Zehn	Decem
Zwanzig	Viginti
Zwei	Duo
Zwölf	Duodecim

Zeit
Tempus

Gestern	Heri
Heute	Hodie
Jahr	Anno
Jahrhundert	Century
Jahrzehnt	Decennium
Jährlich	Annua
Jetzt	Nunc
Kalender	Calendar
Minute	Minutis
Mittag	Meridies
Monat	Mense
Morgen	Mane
Nach	Post
Nacht	Nocte
Stunde	Hora
Tag	Die
Uhr	Horologium
Vor	Ante
Woche	Septimana
Zukunft	Futurum

Gratuliere

Sie haben es geschafft !!

Wir hoffen, dass euch dieses Buch genauso viel Spaß gemacht hat wie uns dessen Herstellung. Wir tun unser Bestes, um qualitativ hochwertige Spiele zu erfinden. Diese Rätsel sind auf eine clevere Art und Weise entworfen, damit sie aktiv lernen und daran Vergnügen finden.

Hat ihnen das Buch gefallen ?

Eine einfache Bitte

Unsere Bücher existieren dank der Rezensionen, die sie veröffentlichen. Können sie uns helfen indem sie jetzt eine Meinung hinterlassen ?

Hier ist ein kurzer Link, der Sie zu ihrer Bewertungsseite führt

BestBooksActivity.com/Rezension50

MONSTER HERAUSFÖRDERUNGEN !

Herausförderung 1

Bereit für ihr Bonusspiel? Wir verwenden sie ständig, aber sie sind nicht einfach zu finden. Es sind die **Synonyme** !

Notieren sie 5 Wörter, die sie in den untenstehenden Rätseln (Nummer 21, 36 und 76) entdeckt haben und versuchen sie für jedes Wort 2 Synonyme zu finden .

Notieren sie 5 Wörter aus *Rätsel 21*

Wörter	Synonym 1	Synonym 2

Notieren sie 5 Wörter aus *Rätsel 36*

Wörter	Synonym 1	Synonym 2

Notieren sie 5 Wörter aus *Rätsel 76*

Wörter	Synonym 1	Synonym 2

Herausförderung 2

Jetzt, wo sie warm sind, notieren sie 5 Wörter, die sie in jedem der untenaufgeführten Rätseln entdeckt haben (Nummer 9, 17 und 25) und versuchen sie für jedes Wort 2 Antonyme zu finden. Wie viele davon können sie binnen 20 Minuten finden ?

Notieren sie 5 Wörter aus **Rätsel 9**

Wörter	Antonym 1	Antonym 2

Notieren sie 5 Wörter aus **Rätsel 17**

Wörter	Antonym 1	Antonym 2

Notieren sie 5 Wörter aus **Rätsel 25**

Wörter	Antonym 1	Antonym 2

Herausförderung 3

Wunderbar, diese Monster Herausförderung  wird kein Problem für sie sein !

Bereit für die letzte Herausförderung? Wählen sie ihre 10 Lieblingswörter aus, die sie in einem Rätsel entdeckt haben und notieren sie sie unten.

1.	6.
2.	7.
3.	8.
4.	9.
5.	10.

Die Aufgabe besteht nun darin mit diesen Wörtern und in maximal sechs Sätzen einen Text herzustellen über eine Person, ein Tier oder ein Ort den sie lieben !

Tipp : sie können die letzten leeren Seiten dieses Buches als Entwurf verwenden

Ihr Schreiben :

NOTIZBUCH :

AUF BALDIGES WIEDERSEHEN !

Linguas Classics

KOSTENLOSE SPIELE GENIESSEN

GO

↓

BESTACTIVITYBOOKS.COM/FREEGAMES